LÉGENDES

DES

ARTISTES.

IMPRIMÉ PAR LA SOCIÉTÉ.

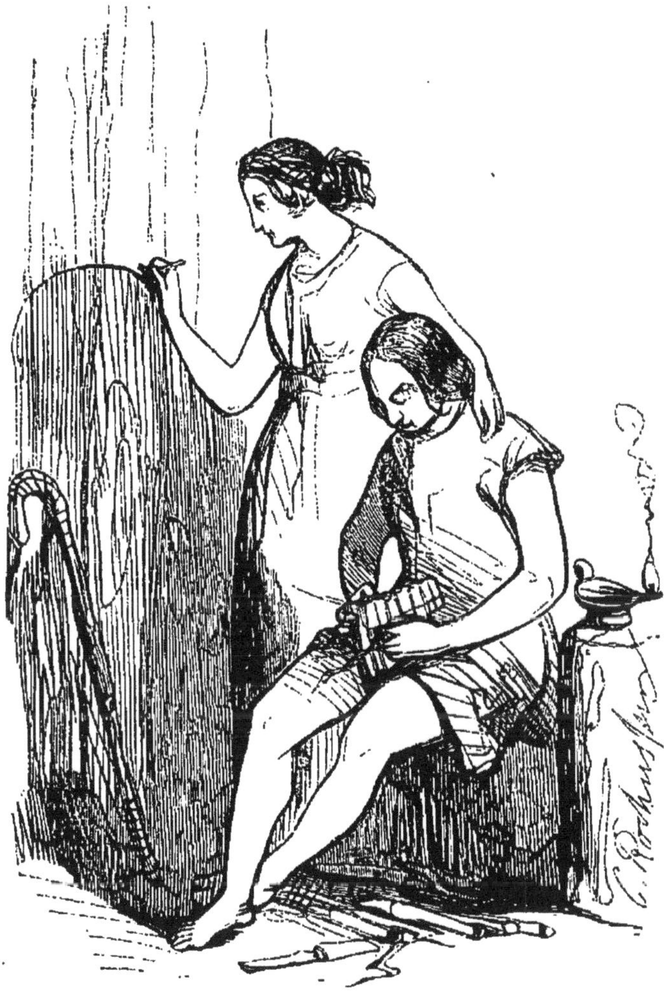

LÉGENDES

DES

ARTISTES,

PAR J. COLLIN DE PLANCY.

DESSINS-CROQUIS DE C. ROCHUSSEN,

GRAVÉS PAR LES JEUNES ÉLÈVES

DE L'ÉCOLE DE GRAVURE DE LA HAYE.

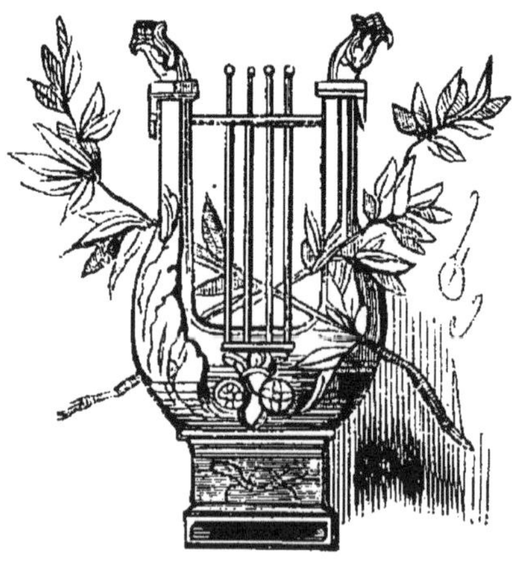

LA HAYE,

SOCIÉTÉ NEERLANDAISE POUR LES BEAUX-ARTS;

GÉRANT, J. W. TEN HAGEN.

1842.

NOTE DE L'ÉDITEUR.

Quelques-unes de ces légendes ont été essayées dans des publications périodiques. Les suffrages encourageants qu'elles ont obtenus, la bienveillance avec laquelle on les a reproduites et traduites en plusieurs langues ont enhardi l'auteur à les rassembler.

On s'est proposé, dans ces rapides tableaux, de présenter les artistes sous un jour plus vrai que l'aspect prosaïque qui est le cachet des biographies ordinaires de ces hommes exceptionnels. On a voulu écrire pour ceux qui aiment les arts ; et ceux-là seuls sont des cœurs complets.

Un jeune artiste, dont le génie remplira une grande et belle carrière, M. C. Rochussen a bien voulu joindre à ce récueil des croquis faits avec indulgence pour être gravés par les enfants de l'école de gravure de La Haye. Il faut savoir gré à un talent si plein de s'être plié à nos désirs.

Nous aimions à faire voir que l'école, fondée sous la direction de la Société des Beaux-Arts, par la munificence du roi Guillaume-Frédéric, est en marche; et nous espérons que le public applaudira à ses débuts.

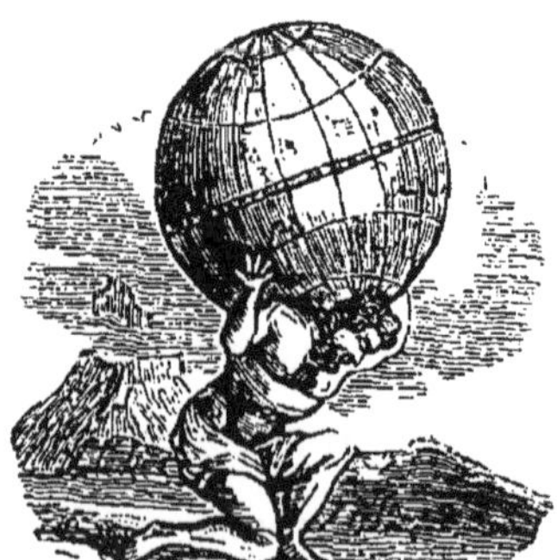

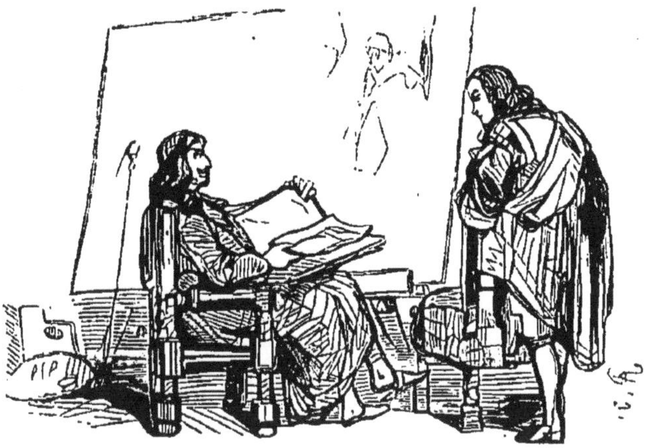

LE PEINTRE DANS L'EMBARRAS.

> Que la fortune donc me soit mère ou marâtre,
> C'en est fait . . . . .
>
> PIRON, *la Métromanie.*

Une poëte français du dernier siècle, dont le nom de second ordre ne me revient pas à la mémoire, a écrit ces deux vers formidables :

> Fortune, sort, destin, ce sont là de vains mots;
> Le bonheur suit le sage et le malheur les sots.

A coup sûr, ce poëte avait un gîte assuré, un dîner prêt et du linge. Son terrible axiôme est vrai pour l'habileté qui compte, pour le calcul qui produit, pour la sagesse qui épargne. Mais l'artiste, livré à son génie, songe-t-il bien aux choses matérielles? Nous ne parlons que sous le point de vue tout-à-fait humain et terrestre. A moins qu'il n'ait la vogue, et qu'il ne vive dans des circonstances où l'on accorde quelque place au génie, l'artiste courra le risque de n'être qu'un sot, dans le sens du poëte que nous citons. Il languira sous le poids de grandes idées qu'il ne pourra pas même exécuter. Combien de chefs-d'œuvre n'ont pas été faits, parceque le peintre n'avait pu ni payer une toile, ni vivre ses journées de travail! Combien de figures nobles ou gracieuses, rêvées par le statuaire, sont restées dans le bloc de marbre que l'artiste n'avait pas le moyen d'acheter! Il nous est permis, pour l'acquit de notre conscience, de ranger ces âmes de feu dans la classe des absurdes songe-creux que nous affublons du sobriquet d'âmes incomprises. Mais je voudrais que l'on ne confondît pas l'artiste avec l'insensé. Il faut encore pouvoir s'appuyer sur certains éléments pour être sage, comme on l'entend dans le monde; et la fortune donne bien des vertus, quoiqu'on la calomnie, comme a fait cet usurier de Sénèque, qui était sage sur des piles d'écus,

> Et qui trouva toujours la richesse importune
> Aussitôt qu'à la cour il eut fait sa fortune [1].

[1] Alexandre Duval.

Or, par une belle matinée du mois de Mai de l'an 1680, Jean-Baptiste Champagne achevait, dans son atelier de Rome, un tableau que lui avait commandé Louis XIV, lorsqu'on vint lui annoncer la visite d'un modeste jeune homme, qui se disait un peu son compatriote. Jean-Baptiste Champagne, neveu de l'illustre Philippe, était de Bruxelles, comme son oncle. Né dans cette ville en 1643, il avait été initié par Philippe dans les secrets de l'art; il avait aidé son oncle et son maître dans un grand nombre de ses ouvrages; et depuis sa mort il le remplaçait de son mieux. Après avoir terminé les tableaux laissés imparfaits par Philippe Champagne, Jean-Baptiste était venu à Rome, pélérinage que tout artiste doit faire; et bientôt Louis XIV allait le rappeler pour professer à l'academie de peinture de Paris.

Il vit entrer dans son atelier le jeune homme qu'on lui annonçait, et qui était un enfant des Pays-Bas et un élève de l'école flamande. Ce jeune homme se présentait muni d'une lettre de recommandation de Nicolas Molenaer, le peintre de paysages, dont il avait suivi les leçons et qu'il devait surpasser. Il avait vingt-deux ans. Avec le teint frais que donne sa patrie, des traits réguliers, une tournure convenable, ce jeune homme paraissait si doux, si modeste et à la fois si qu'un nom déjà fait n'arrête pas l'attention vagabonde, il faudrait que l'artiste eût aussi l'habileté du marchand; et c'est ce qui n'est pas. Nicolas remarqua (son cœur en fut navré) qu'on peut vivre toujours et partout, en faisant des souliers, en pansant des chevaux, en maniant le rabot du ménuisier ou la navette du tisserand ; mais que souvent il faut mourir, lorsqu'on n'est qu'un artiste ou qu'un poëte. Il compara dans son amertume le sort de l'artisan et le sort de l'artiste. Joyeux et occupé, avec des goûts simples et des idées modestes, l'artisan vit et prospère; tandis qu'avec ses pensées hautes et ses ambitions de prince l'artiste se consume, parcequ'il croit que, si tout était bien; c'est pour lui que le monde est fait; hallucination funeste et vanité désastreuse, que la religion seule neutralise, quand l'artiste est assez complet pour s'appuyer sur la religion.

Un jour que les amis de Nicolas Opgang le voyaient plus affligé que de coutume (son hotesse lui avait demandé de l'argent), ils cherchèrent à pénétrer la cause de cette tristesse. Le jeune homme rougit à leurs questions, n'osant avouer sa misère. Il crut satisfaire à la curiosité de ses camarades, en rejettant ses préoccupations sur des chagrins apportés de son pays. Hélas! j'oubliais de dire que le pauvre garçon n'avait pas quitté Amsterdam seulement pour voir Rome, mais pour fuir une grande douleur. Il avait aimé dans sa patrie; il avait plù à la jeune et gracieuse amsterdamoise de son choix; mais la fortune s'était dressée entre lui et sa douce bien-aimée. L'artiste n'avait que l'aurore d'un beau talent; et les parents de la jeune fille, dans leur tendresse positive et prévoyante, s'étaient hâtés de la marier à un autre prétendant qui possédait beaucoup d'or. Nicolas n'avait pas pris légèrement son désespoir; les pieuses consolations avaient frappé vainement à son cœur; dans un abattement criminel, il s'était résolu à se délivrer de la vie. Un seul mouvement heureux l'avait sauvé d'une telle ruine; avant de quitter le monde, il avait senti le besoin d'aller dire un dernier adieu à Molenaer, son maître et son ami; et Molenaer était parvenu à le détourner du chemin de la mort. En lui representant ses devoirs envers Dieu, de qui il tenait la vie comme un dépôt sacré dont il ne pouvait disposer sans devenir felon, ses devoirs envers lui-même et envers l'art, il l'avait rattaché à l'existence. Il lui avait conseillé, comme soulagement à ses peines vives, un voyage à Rome. Peu-à-peu les sanglots et les pleurs qui pesaient sur le cœur de Nicolas Opgang s'étaient adoucis en soupirs. Il demeurait triste; mais il vivait.

Plusieurs fois, à Rome, ses amis, pour le distraire, lui avaient conseillé d'autres amours. Il repoussait ce remède. Le trait qui était dans son cœur s'y était endormi; mais il n'osait tenter de l'en faire sortir. La nécessité terrible vint s'entremettre dans ces tendres sentiments. Le temps marchait; l'hiver passa; Nicolas devait une somme, malgré l'exiguité de ses dépenses. Ses habits étaient usés. C'est surtout dans un beau jeune homme à la noble tournure que le dénuement se montre plus odieux.

Le cabaret qui faisait asile à l'artiste était tenu par une femme de trente-cinq ans, une veuve sans enfants, grande, taillée en force, ayant des habitudes d'ordre et de travail; une femme active, robuste, faisant elle-même toute la besogne de sa maison, assez gaie, mais exigeante; intéressée, vive; une femme qui mettait à la porte les habitués qui la gênaient. Elle avait été belle et elle était romaine; mais son regard était dur, son teint pâle, sa figure fanée, quoique bien portante; et quelques cheveux gris bondissaient dans sa vaste chevelure noire. Tous les mois elle demandait de l'argent au jeune artiste, qui avait écrit dans son pays et qui ne recevait rien, qui avait fait des tableaux et qui ne pouvait les vendre. D'abord elle avait doucement présenté sa note. Puis elle avait pris le ton sérieux. Les paroles menaçantes étaient venues. Occupé d'un grand ouvrage, l'artiste en attendait la fin et il souffrait sans se plaindre. Mais parmi ses camarades il en était un qui s'intéressait à lui. Un soir qu'il vit Nicolas Opgang plus affecté que de coutume, il l'emmena à la porte du Peuple, le fit entrer dans la boutique d'un limonadier; et là, en prenant avec lui un sorbet, il ouvrit une singulière proposition:

— Je n'ai pas d'argent dont je puisse vous aider, dit-il; ce que je touche me suffit à peine. Mais j'ai trouvé un moyen de vous tirer d'embarras.

Nicolas ouvrit des yeux attentifs.

— Si vous ne payez pas dans le cours de ce mois-ci, reprit l'auxiliaire, votre hotesse vous fera mettre en prison; et les Pâques sont passées; vous y resterez jusqu'à la Semaine-Sainte.

C'était une année. Nicolas Opgang sauta sur son escabelle. — Et mon paysage! dit-il en pâlissant.

— Le moyen que j'ai trouvé est bien simple, continua son ami. Afin de vous acquitter envers la cabaretière....

— Eh bien?

— Eh bien! vous devez l'épouser.

Ce mot tomba comme un coup de tonnerre sur la tête de l'artiste. Il resta muet de stupéfaction.

Son ami parla une heure pour le décider. Il lui fit

valoir tous les avantages de sa proposition. Il lui vanta l'hotesse romaine. — C'est encore une fort belle femme, dit-il; et les peintres d'histoire la regardent comme un modèle parfait pour les femmes héroïques. Quant à son caractère, il sera excellent à l'égard d'un mari; les femmes dont la rudesse est franchement extérieure sont douces dans leur ménage. Vous êtes catholique; vous n'éprouverez par conséquent aucun obstacle; et marié avec elle, vous serez sûr de vivre. Vous aurez des habits neufs; elle payera vos couleurs; vous pourrez travailler sans souci. N'est-ce pas beaucoup pour un artiste?

En rentrant au cabaret, quoique le jeune amsterdamois n'eût encore rien repondu, et peut-être à cause de cela, se fortifiant de l'adage: Qui ne dit rien consent, — l'ami de Nicolas se crut obligé de suivre la négociation qu'il avait entamée. Il demanda à la cabaretière un entretien particulier; il lui fit, au nom de son camarade, une déclaration d'amour qui la flatta et qui la toucha. Que vous dirai-je? Les détails nous manquent un peu. Ceux qui nous ont conservé l'aride récit de ces faits, dont les circonstances intimes auraient eu tant d'intérêt, se bornent à citer le vieux proverbe wallon, qu'il y a des moments où l'on épouserait le Diable; sur quoi ils ajoutent, sans plus de

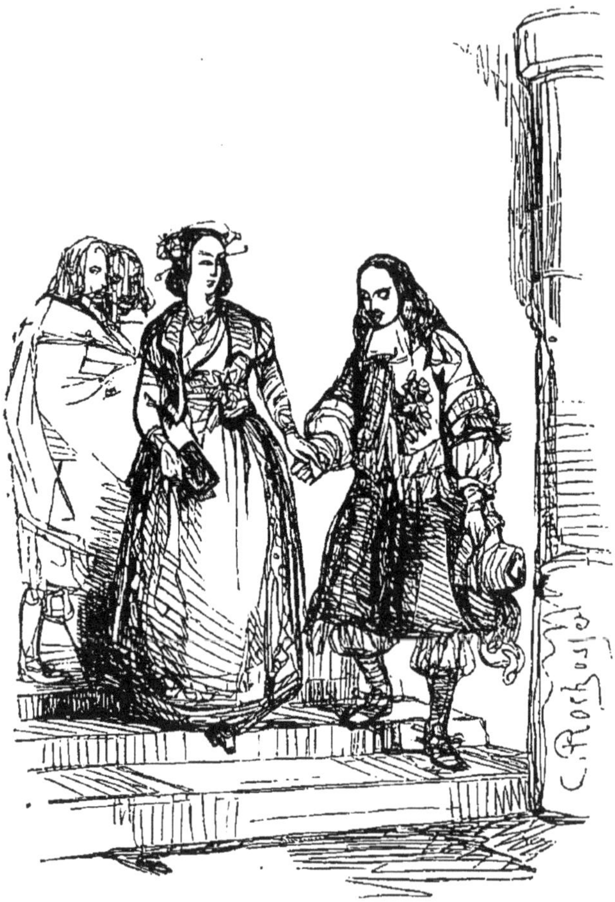

façons, que huit jours après, Nicolas Opgang, libre de ses dettes, habillé de neuf et le front serein, se mariait avec la cabaretière.

Chose étonnante! cette femme si tranchée, si décidée, si rude, fut un ange en effet pour son mari. Nicolas s'y attacha sincèrement. Il vécut dix-sept ans heureux avec elle, se fit un nom, vendit parfaitement ses tableaux et fit fortune.

Il n'y avait que sept ans qu'il avait obtenu de sa femme qu'elle quittât son cabaret, lorsqu'il devint veuf. Il pleura son excellente romaine et s'en revint à Amsterdam. En y arrivant, son cœur tressaillit; car il apprit que sa première maitresse, celle qu'il avait tant aimée, celle pour qui il avait voulu mourir, était aussi devenue veuve. Tout le passé lui parut n'avoir été qu'un songe capricieux. Tout son amour se ralluma. Il se présenta, ému et palpitant, devant l'objet de ses premières amours, devant la femme que dans les plus secrets replis de son cœur, il n'avait jamais pu oublier. Il eut le bonheur de reconnaître qu'il lui fallait peu d'efforts pour reprendre sa place dans ce cœur, où il avait régné. Ces deux amants, si singulièrement éprouvés, se marièrent et se retirèrent à Vellenhoven, avec d'immenses projets de bonheur.

Mais au bout d'un an, — autre merveille! —

Nicolas Opgang regrettait son ménage de Rome.

Il mourut quelques années après, ennuyé et n'ayant presque rien produit dans son pays, lui qui à Rome avait laissé tant de beaux ouvrages.

Cet artiste, qu'on ne peut bien apprécier qu'en Italie où sont ses grandes toiles, est moins connu des amateurs sous son nom d'Opgang que sous son surnom de *Piémont*, qui lui fut donné à Rome, à cause d'un séjour qu'il avait fait dans la contrée dont Turin est la capitale et de plusieurs sites de ce pays, qu'il avait peints avec éclat.

On pourrait conclure de son histoire qu'on ne revient pas toujours, hélas! d'une manière profitable, à ses premières amours; qu'il n'est pas interdit à une cabaretière acariâtre de faire pourtant bon menage; et qu'une vieille femme en peut valoir une autre.

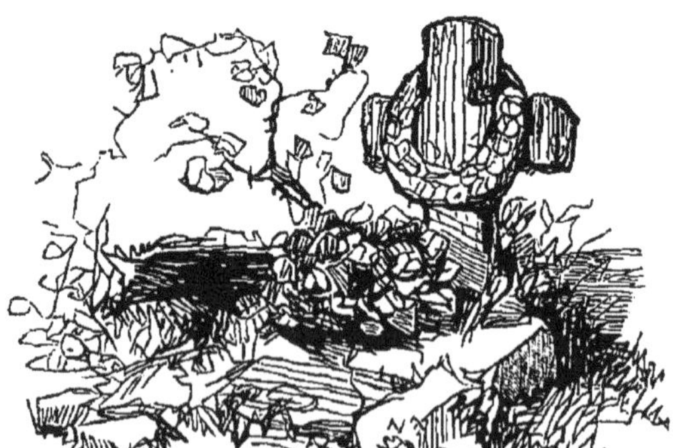

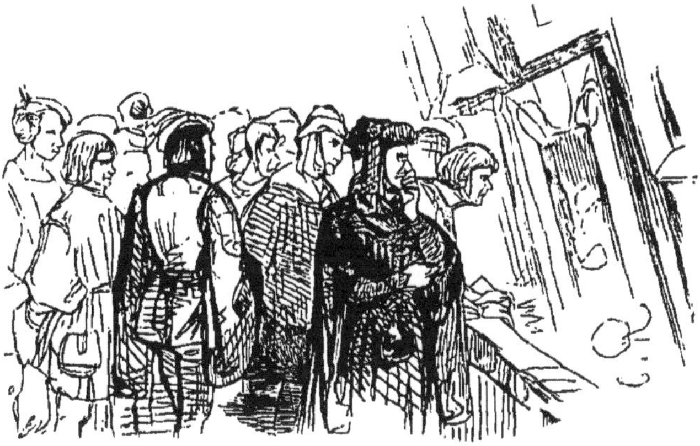

LE MARÉCHAL D'ANVERS.

Mais alors le génie pourrait bien être dans le coeur.

GROSLEY.

On remarquait à Anvers, en l'année 1482, près du cimetière de Notre-Dame, aujourd'hui le marché aux gants, à l'endroit même où s'est ouverte depuis la rue étroite que l'on appelle le passage de Quentin Matsys, — dans une forge de belle apparence, — un jeune homme de vingt-deux à vingt-quatre ans, qui exerçait, avec son père déjà vieux, le rude métier de forgeron et de maréchal-ferrant. Ce jeune homme avait une figure noble et animée; on vantait sa douceur autant que sa force; son œil ardent et pur indiquait une ame pleine de vigueur. Ce n'était pourtant qu'un simple ouvrier, qui avait seulement au dessus de ses camarades le mérite d'une grande habileté et d'une bonne conduite.

Ce jeune homme avait vécu jusques-là, insouciant et frivole, ne s'occupant que de façonner le fer, et se reposant joyeusement le soir avec ses amis, — lorsque vis-à-vis la maison de son père, une porte s'ouvrit pour recevoir un hôte distingué. C'était Pierre de Vos, peintre peu connu maintenant, parceque ses ouvrages, emportés par Charles-Quint, ont péri, mais qui laissa des enfants devenus célèbres. Pierre de Vos avait deux fils, et une fille qui se nommait Caroline et qui était, disait on, le plus bel ornement de sa galerie. L'habile peintre, enrichi par les libéralités de Marie de Bourgogne, avait acheté l'élégante maison où il venait s'installer.

Pendant qu'il s'occupait avec ses fils de ses travaux de peinture, Caroline, habituée aux gracieux ouvrages de l'aiguille, brodait de ravissantes fleurs, quand les soins du ménage, qui roulaient tous sur elle depuis qu'elle avait perdu sa mère, lui laissaient un moment de repos. Comme toutes les jeunes flamandes, sédentaire et calme, on la voyait assise à sa fenêtre, d'où son charmant aspect troubla sans doute la paix de plus d'un cœur. L'effet surtout en fut prompt sur le jeune forgeron Questin Matsys. Du moment qu'il l'eût remarquée, il devint pensif; il tint son marteau d'une main plus tremblante ; il cessa tout-à-coup les chansonnettes qui accompagnaient son travail. Le soir, au lieu d'aller rejoindre ses amis à l'estaminet d'usage, il restait assis devant l'atelier, grave et préoccupé, les yeux toujours fixés sur la maison du peintre, tressaillant toutes les fois qu'il voyait paraitre Caroline, ou que le passage d'un flambeau lui dessinait son ombre.

Il y avait un an que cet amour brulait en secret. Vainement le père de Quentin, surpris du changement survenu dans ses habitudes avait cherché discrètement à en deviner la cause, vainement les amis du jeune homme avaient tout employé pour le ramener à leurs plaisirs de la soirée; personne n'avait découvert son amour, excepté la jeune fille, qui déjà sans doute le partageait. Elle avait remarqué les assiduités muettes de Quentin; elle avait lu dans ses grands yeux; elle avait cru reconnaitre sous cette noble figure une belle âme; elle aimait, sans le savoir peut-être, sans se l'avouer et sans prévoir les conséquences d'un tel amour.

Le jeune forgeron était le premier de sa ville pour le talent et l'adresse. Les importants travaux lui étaient confiés de toutes parts; et son père était devenu riche. Anvers le reclame comme né dans ses murs; Guicciardini, dans sa description des Pays-Bas, lui donne Louvain pour berceau. C'est un point que nous ne déciderons pas. Mais il travaillait aussi pour cette dernière ville, où l'on voit encore, dans l'église de Saint-Pierre, un bras de fer battu, fait par lui, et qui tenait autrefois le couvercle des fonts baptismaux.

Un peu confiant dans son honnête position, et audacieux comme un homme de cœur, il s'avisa donc un jour de songer qu'il pouvait se hasarder sans offense à demander la main de Caroline. Comme il était agité de ces pensées, Pierre de Vos, qui connaissait par le bruit public l'habileté de son jeune voisin le forgeron, vint lui commander pour sa maison un marteau de porte. Quentin ravi déploya tout son talent; il forgea une figure grotesque, qu'il façonna au marteau si parfaitement que le vieux peintre en témoigna de l'admiration. — Vous avez, lui dit-il, des dispositions pour être artiste.

Quentin, le jugeant en bonne humeur, resolut de profiter de l'instant. — Je ne suis qu'un ouvrier, répondit-il; mais pourtant mon père m'a fait assez riche;

et, ajouta-t-il, en comprimant les battements de son cœur, si vous le vouliez, vous pourriez me rendre heureux.

Pierre releva la tête, en souriant au jeune homme: — Je vous comprends, dit-il, vous voulez voir mes ouvrages. Il le prit par la main, le fit entrer dans sa maison et le conduisit dans sa galerie de tableaux. Quentin, le cœur tout ému, n'osait détromper le vieux peintre sur l'interprétation qu'il venait de donner à sa phrase. D'ailleurs, c'était déjà pour lui une heureuse fortune. En mettant le pied dans la galerie, il se trouva pour la première fois face-à-face avec Caroline. Tous deux rougirent excessivement, sans que Pierre le remarquât. Quentin interdit ne sut pas tirer de sa poitrine une seule parole; il se maltraitait en lui-même à cause de cet invincible embarras; car il redoutait l'influence de cette première entrevue; et il était honteux de se sentir si gauche. Cependant il se disait: — Comme elle a rougi! Je serais donc aimé!

Il fut violemment tiré de cette rêverie par l'artiste qui lui fit remarquer ses tableaux. La peinture, régénérée depuis peu par les frères Van Eyck et par Memling, était en marche; et Pierre de Vos lui avait fait faire des progrès. Le jeune homme se voyait au milieu de cette galerie dans une atmosphère de prestiges, où dominait l'angélique figure de Caroline. Un portrait de cette jeune fille, peint par son père, lui fit pousser un cri d'admiration. Il se retourna pour comparer la ressemblance. Dans le trouble que cette manifestation lui avait causé, Caroline avait disparu.

— Eh quoi! dit le peintre, prendriez-vous cela pour mon meilleur ouvrage?

— Ah! s'écria Quentin, en tombant à genoux et lui prenant la main qu'il pressa tendrement, vous pouvez me faire le plus heureux des hommes; tout ce que je possède est à vous pour ce tableau.

— Pour le portrait de ma fille? s'écria Pierre; je vendrais le portrait de ma fille! mais vous êtes fou, jeune homme.

— Hélas! dit Quentin, en faisant un effort, j'aime votre fille; je suis riche. Je mourrai si vous ne me la donnez pour femme.

L'artiste recula de quelques pas. Puis après un moment de silence, il reprit froidement:

— Vous seriez épris de Caroline? J'en suis fâché, mon jeune ami. Mais ma fille n'épousera jamais qu'un peintre....

— Grand Dieu, s'écria le jeune homme, n'achevez pas; laissez-moi du moins l'espérance.

— Jamais, reprit le vieux peintre; n'en parlons plus.

Sur ce mot, Pierre de Vos inflexible reconduisit hors de chez lui le forgeron ; et le laissant dans la rue il ferma sa porte.

Quentin, comme s'il fût sorti d'un rêve cruel, se secoua, sans retrouver ses sens. Il leva les yeux sur la maison et vit à une fenêtre Caroline qui, à son mouvement se retirait. Il la salua d'un geste profond et suppliant qui semblait dire : Aimez-moi. Elle lui rendit son salut par un triste regard.

Il ne rentra point dans la maison de son père. Il erra tout le reste du jour pour rassembler ses idées ; et le soir il s'enferma seul dans sa petite chambre. Il prit sa résolution ; il écrivit à Caroline une longue et respectueuse lettre où il exposa tout son amour ; il lui jurait de n'aimer jamais qu'elle et de l'aimer jusqu'à la mort ; puis il exposait ses projets, et la suppliait, si elle ne le repoussait point, de lui garder son cœur, de lui rester fidèle et de l'attendre trois ans.

Le lendemain, il trouva moyen de faire remettre secrètement cette lettre à Caroline ; et après deux jours d'angoisses, deux jours où il ne put entrevoir l'ombre de la jeune fille, deux jours où sans doute embarrassée elle-même d'une démarche sur laquelle elle ne pouvait consulter son père, elle eut aussi sa part de supplice, après ces deux jours si longs et si cruels, le cœur de Quentin faillit se briser de joie, lorsqu'on lui remit avec mystère un petit papier, qu'il ouvrit hors de lui et qu'il baisa vingt fois. Sa figure était devenue animée, radieuse; et pourtant ce papier ne contenait que ce peu de mots, écrits d'une main tremblante: — Dans trois ans donc.

Mais c'était l'expression la plus laconique de tout son désir. Il bondit d'allégresse et courut trouver son père, à qui il n'avait encore rien confié de ses amours. On ne s'ouvre pas si vite pourtant sur des matières si délicates; et il ne venait pas livrer des secrets qui n'étaient plus à lui seul. Mais il exposa au vieillard que la langueur dont il était consumé n'avait pour cause que le désir indomptable de voir le monde, de courir les ateliers et de voyager pour se perfectionner dans son art. Malgré la douleur d'une séparation si pénible, le vieux forgeron, accoutumé à voir les jeunes ouvriers faire de telles absences pour revenir plus habiles, épuisa vite ses objections. Il donna à son fils de l'argent et des conseils; et il l'embrassa le lendemain, en le bénissant et en lui faisant toutes les recommandations qui naissent dans le cœur d'un père.

Quentin s'éloigna donc d'Anvers. Pierre de Vos, attribuant son départ au chagrin que ses refus lui avaient causé, le plaignit un instant, puis l'oublia, comme c'est l'usage.

On n'eut dès lors aucune nouvelle de Quentin Matsys, et le peu qui s'est conservé de son histoire ne nous apprend absolument rien des lieux où le conduisirent ses voyages, ni des artistes qu'il fréquenta. Peut-être nous serait-il permis de profiter de cet intervalle pour dire un mot des divers récits, plus ou moins singuliers, qu'on a hasardés sur son compte. Les uns, lui otant son père, l'ont fait vivre pauvre avec sa mère presque mendiante, qu'il nourrissait en ferrant des chevaux ; version que rien n'appuie ; non plus que la supposition de ceux qui disent qu'il devint peintre en enluminant des images populaires, pendant une maladie ; ni l'anecdote des autres qui content que la jeune fille dont il était épris balançait entre lui et un peintre ; et qu'il prit le pinceau pour la fixer : — Toutes circonstances imaginées cent cinquante ans après l'époque des faits réels, et qu'il nous suffit d'indiquer pour qu'elles soient repousssées.

Trois ans après le brusque départ de Quentin Matsys, on ouvrit à Anvers, au mois de Juillet de l'année 1486, une exposition publique de tableaux. Cette innovation était, dans l'Europe moderne, une glorieuse initiative ; et la noble cité qui, la première, institua de telles fêtes, en a recueilli les fruits, car les arts lui ont donné une place illustre dans leurs fastes. Anvers n'avait pas encore atteint l'immense éclat qu'elle devait conquérir sous Charles-Quint; mais elle y marchait par l'intelligence; peu-à-peu, elle envahissait l'héritage de Bruges, en ce moment la plus splendide des villes des Pays-Bas. Les magistrats d'Anvers avaient promis de beaux encouragements aux peintres qui recueilleraient le plus d'hommages, dans ce concours public; et de tous les points des Pays-Bas, du nord de la France et des Provinces-Rhénanes, les artistes arrivaient, avec leurs ouvrages qu'on disposait à l'hotel-de-ville.

N'oublions pas de dire que plusieurs des jeunes peintres d'Anvers, qui exposaient, avaient demandé la main de Caroline, sans qu'elle eût donné de l'espoir à aucun. Son père avait promis de la décider, en se prononçant lui-même, après les jugements du concours.

Dans ce même temps, par une belle et douce soirée, le vieux Matsys, que poussait une sorte de pressentiment, courut lui-même ouvrir sa porte, à laquelle on heurtait d'une main puissante. C'etait son fils Quentin, qui revenait enfin après trois ans de voyages, et qu'il embrassait avec ivresse. Le jeune homme, un peu bruni, raconta seulement qu'il avait parcouru la

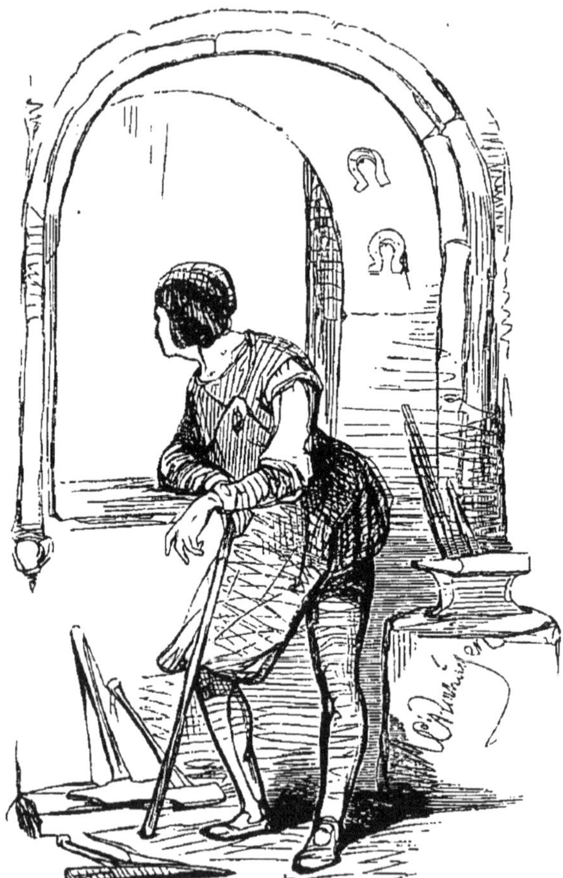

France, la Suisse et l'Italie. Il ajouta qu'il espérait ne plus quitter son vieux père.

Le lendemain matin, la première personne que Caroline apperçut de sa fenêtre, ce fut Quentin Matsys, qui la salua de loin. Sa figure pâlie se ranima; elle sembla reprendre une vie nouvelle.

Le jeune forgeron cependant, pour prouver qu'il avait fait des progrès dans ses courses, se mit à faire, à l'aide du marteau, sans le secours de la lime, ni d'aucun autre instrument que le marteau seul, le précieux édifice en barres de fer battu, qu'on voit toujours à Anvers, devant la Cathédrale, et qu'on appelle le puits de Quentin Matsys. Au sommet de la coupole à jour, formée de rameaux, de volutes et de fleurs de fer travaillées avec gout, qui surmonte ce leger édifice, il plaça un homme d'armes, tenant la main coupée, et representant, à ce qu'on croit, le fameux géant d'Anvers. Il mit aux angles d'autres figures sculptées, que l'on croirait faites au ciseau et que le marteau seul termina.

A toutes les époques, l'amour des arts a été en quelque sorte une qualité populaire dans les Pays-Bas. En même temps qu'on admirait ce chef-d'œuvre du forgeron, la foule se portait avec empressement à l'exposition des tableaux, qui dans quelques jours allait être close pour la distribution des prix. On avait remarqué surtout trois ouvrages d'un artiste inconnu ; ils portaient pour toute signature un petit marteau. Le premier était une vieille femme, jouant avec un chien ; peinture d'une rare perfection ; le second un Saint-Éloi, patron des forgerons, que l'auteur offrait à Notre-Dame d'Anvers ; le troisième était le portrait, merveilleux de ressemblance et de vie, de Caroline.

Pierre de Vos, émerveillé, reconnaissait que ces trois morceaux étaient de la même main. Il soupconnait là-dessous quelque galanterie d'un des amants de sa fille. Cependant il s'embarrassait à le découvrir et il n'y parvenait pas ; car aucun des autres ouvrages de ces jeunes peintres n'approchait de ceux-là.

Le jour de la remise solennelle des encouragements donnés par la ville devait révéler ce mystère. Le premier prix fut accordé, aux acclamations générales, à l'artiste inconnu. On rompit le cachet qui couvrait son nom. C'était Quentin Matsys.

Pierre de Vos courut à lui, l'embrassa avec effusion ; et au bout d'un mois, époux de la gracieuse Caroline, qui lui avait si loyalement gardé son cœur, l'heureux Quentin travaillait avec Pierre, qui ne pouvait plus se passer de lui.

On a de mille façons altéré cette belle conclusion

d'une touchante histoire. On a dit que Quentin Matsys s'était décèlé à son futur beau-père en peignant sur une de ses toiles, en son absence, une tête de madone, une main de vierge, une bague ornée d'un brillant; qu'à ces coups de pinceau, Pierre de Vos avait reconnu un haut talent. On a même dit que Quentin avait fait, sur un tableau de Pierre, une mouche si naturelle, que le vieux peintre avait voulu la chasser avec son mouchoir. On a dit bien d'autres contes, qui se trouvent appliqués avec autant de légèreté à plusieurs autres personnages.

Le bonheur de Quentin Matsys fut aussi complet qu'il l'avait rêvé. Il eut un fils, qui s'appela Jean, qui pratiqua aussi ce bel art de peinture, mais qui sans doute eut toujours la vie trop douce, car il ne sortit point de la médiocrité. Peut-être fut-il trop puissamment écrâsé par son père, qui occupa bientôt le premier rang dans l'art de son époque.

Ce fut, dit-on, en 1508, que Quentin Matsys peignit la fameuse Descente de Croix, qu'on admire toujours, entre ses deux panneaux, dans le riche musée d'Anvers. Il fit beaucoup d'autres tableaux, dont la plupart ont péri, ou dans la catastrophe qui engloutit les titres de gloire de Pierre de Vos, ou dans les effroyables dévastations qui signalèrent les Troubles.

Quentin Metsys était vieux, lorsqu'il fut frappé d'une immense douleur. Il perdit sa femme chérie. Dès lors il brisa ses pinceaux, qu'il n'avait pris que pour elle; et pour rattacher au souvenir de Caroline le souvenir du premier état dans lequel elle l'avait aimé, il reprit le marteau de forgeron; son dernier travail fut un lustre de fer battu, qu'il offrit à l'église d'Arschot, en reconnaissance de l'honorable sépulture qui avait été donnée à Caroline dans cette église. Ce monument a été respecté.

Il mourut peu après, en 1529, et fut enterré dans le couvent des Capucins d'Anvers. Cent ans après, la ville transporta ses cendres au pied de la tour de la Cathédrale. On lui érigea, à gauche du grand portail, une tombe ornée de son buste en relief. On y grava son nom, pour fixer les irrésolutions vagabondes des écrivains qui l'estropiaient de toute manière. On ne manqua pas de le glorifier du vers célèbre qui le caractérise, dans le poëme des Peintres Flamands de Dominique Lampson:

Connubialis amor de mulcibre fecit Apellem.

Il n'est pas défendu de traduire ce vers latin par ces deux rimes françaises:

Que ne peut sur un cœur le regard d'une belle?
L'amour, d'un forgeron, a su faire un Apelle.

APPENDICE.

Nous ajouterons à cette légende quelques détails empruntés à une notice publiée à Gand, dans le *Messager des Sciences et des Arts* de 1838, pages 1 à 12.

« Quentin Matsys, à Anvers, demeura d'abord dans la rue des Tanneurs, *in de simme*, au singe; ensuite dans celle des Arbalètriers. La maison qu'il y occupa portait encore en 1658 un Saint-Quentin pour enseigne; — enseigne faite en fer battu doré et qui, selon la tradition, était l'ouvrage de Matsys. Dans la même maison, il avait peint un appartement. C'étaient des ornements en grisaille à la détrempe, composés de compartiments entrelacés de festons de fleurs et soutenus par de petits chérubins. Près de la cheminée, quatre joueurs de flûte étaient peints en couleur. Ces ouvrages avaient été faits en 1528, l'année d'avant la mort de l'artiste; ils existaient encore en 1658.

« Van Mander assure que Metsys était grand musicien ; et Tornenburg qu'il avait été grand partisan de la Rhétorique.

« Les biographes ne sont pas d'accord sur la manière d'écrire son nom; — Metseys, Metsius, Messis, Messius, Messeys, Mathys, Mathysis; dans Van Mander, Quintin Messys; dans De Bie, Quintyn de Smedt. Sur un de ses tableaux représentant un changeur, il a signé lui-même *Quentin Matsis*; au pied du portrait de Knipperdoling, on lit la signature *Quentin de Mees* (Quintinus Mesius). Il avait l'habitude de placer un petit marteau sous son nom.

« Outre le puits qui se trouve devant Notre-Dame d'Anvers, on cite un grand nombre d'autres ouvrages faits au marteau par Quentin Matsys. On dit que la tombe d'Edouard IV, roi d'Angleterre, qui se trouve dans la chapelle du palais de Windsor, a été forgée par lui.

« L'ouvrage capital de Quentin Matsys, la Descente de Croix, avec ses deux volets, est au musée d'Anvers. Ce fut en 1508 que le métier des ménuisiers de la ville d'Anvers lui commanda ce tableau, qui fut payé trois-cents florins. La reine Elisabeth d'Angleterre en offrit soixante-quatre-mille florins, sans l'obtenir. Mais en 1577, les ménuisiers gênés vendirent leur joyau: il allait être perdu pour le pays, quand, poussés par Martin de Vos, les magistrats s'avisèrent, on ne sait sous quel prétexte, de faire saisir ce chef-d'œuvre. Rachetée dans le moment des Troubles au prix de 1500 florins, la Descente de Croix de Matsys resta donc à Anvers. — En 1794, elle fut transportée à Paris. Vingt ans après, rendue à sa patrie, elle fait, depuis 1814, le plus rare ornement du musée d'Anvers. »

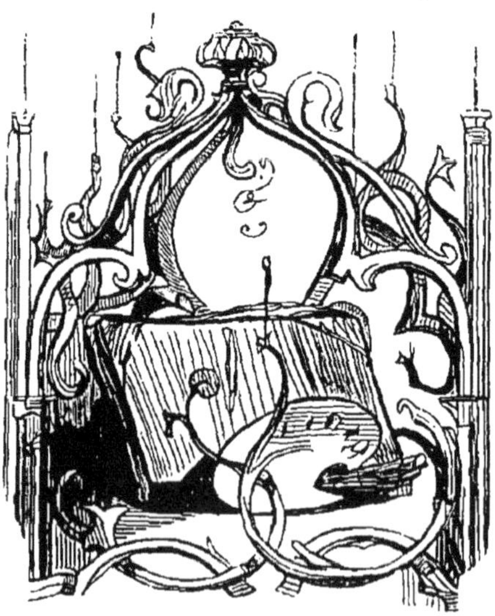

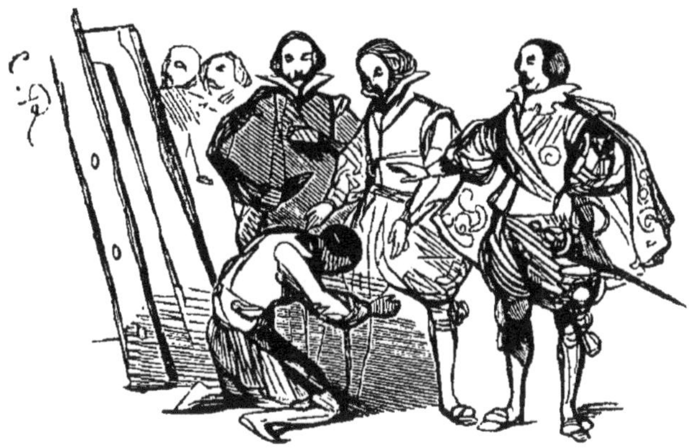

RUBENS CHEZ VELASQUEZ.

> L'art, comme un jeune aiglon qui brise sa coquille,
> Ne peut pas être contenu.
> Le voilà tout-à-coup qui s'élance et qui brille
> Sous un nom hier inconnu.
>
> J. SAINT-ALBIN.

Une grande agitation se faisait remarquer, par une belle matinée d'automme de l'année 1629, dans un élégant pavillon de l'Escurial, espèce de palais détaché dans un coin de cet autre palais immense où résidaient les rois d'Espagne, et qu'on eût pu prendre pour une ville. On sâblait la petite cour, on replaçait les tapis, on disposait les tableaux, on rangeait surtout avec soin un vaste atelier; car c'était l'habitation du jeune et célèbre peintre Diégo Velasquez; et le mouvement qui s'y faisait annonçait clairement l'attente de quelque visite solennelle.

Quoiqu'il n'eût que trente-quatre ans, Velasquez déjà s'était fait en Espagne un nom qui grandissait tous les jours. De nombreux élèves recueillaient avidement ses leçons. Le roi Philippe IV, qui aimait les arts, avait reconnu, l'un des premiers, le génie de Velasquez; il l'avait nommé son peintre, l'avait fait chambellan, et avait voulu qu'il demeurât près de lui, dans l'Escurial même. Là, il venait quelquefois aussi essayer des esquisses, de sa main royale, sous les yeux de l'artiste.

Diégo Velasquez avait parcouru l'Italie, l'Allemagne et la Flandre; il avait vu Rubens; et de ses voyages faits avec fruit il avait rapporté ces connaissances, qui sont pour les arts ce qu'est l'usage du monde pour la société.

On ne manquait pas de rencontrer, dans la maison de Velasquez, un être singulier, un mulâtre, pauvre esclave, timide et embarrassé, que le peintre aimait et protégeait. Mais en son absence l'esclave était le jouet et le souffre-douleurs des élèves, engeance malicieuse, qui ne connaîtra la pitié que quand elle aura un peu plus éprouvé la vie.

Pour l'intelligence des choses qui vont être dites, il faut raconter en deux mots l'histoire de cet esclave.

A la prière de Philippe IV, Velasquez ayant fait le portrait du célèbre amiral Paréja, l'homme de mer, charmé de se voir si merveilleusement reproduit par l'artiste à la mode, vint le remercier, suivi d'un jeune esclave mulâtre qu'il avait acheté dans l'Inde, et qui portait pour le peintre une somptueuse chaîne d'or. Lorsque l'amiral sortit, l'esclave, qu'on appelait Juan, se mit en devoir de suivre son maître. Mais le rude marin le repoussa du pied :

— Penses-tu, lui dit-il, lorsque j'offre une chaîne d'or, que l'écrin ne soit pas compris au présent? Tu appartiens, de ce moment, au seigneur Velasquez.

Il sortit en achevant ces mots.

Le pauvre mulâtre, avec la mine arriérée que donne l'esclavage, avec sa figure étrange et effarée, parut aux élèves un être stupide dont ils pouvaient se divertir. La manière dont il était entré dans l'atelier, — d'un coup de pied, — fut pour eux une source inépuisable de plaisanteries. Ils trouvèrent charmant de lui donner le grand nom de son premier maître ; et ils l'appelèrent Juan de Paréja, nom qu'il conserva toujours. Velasquez, de son côté, l'ayant pris en commisération, le chargea des soins de l'atelier, soins qui donnaient peu de besogne, mais qui devaient longuement éprouver la patience du mulâtre. Juan était donc heureux, toutes les fois que l'artiste était là ; mais dèsqu'il sortait, l'esclave avait à souffrir des élèves un torrent de malices qui ne tarissait point. Il les supporta longtemps avec une résignation magnanime. Las enfin de ces petites peines, il prit le parti, pour les éviter, de se refugier, quand Velasquez était absent, dans quelque coin ignoré où il se blotissait à l'abri des persécutions.

On dit que l'homme est imitateur, que l'industrie appelle l'industrie, que les arts se propagent par le contact ; mais il faut autre chose que l'application de ces adages pour faire un artiste ; et toutefois on doit avouer que les circonstances éveillent souvent le sentiment de l'art dans des âmes où il n'est pas soupçonné. Juan n'avait pu voir peindre pendant deux ans, ni entendre pendant deux ans les plus grands personnages élever au ciel la peinture, sans concevoir une envie indéfinissable de manier anssi des couleurs. Pour charmer les longues heures de solitude où il attendait le retour de son maître, Juan essaya donc de peindre. Il n'avait que des pinceaux de rebut et des

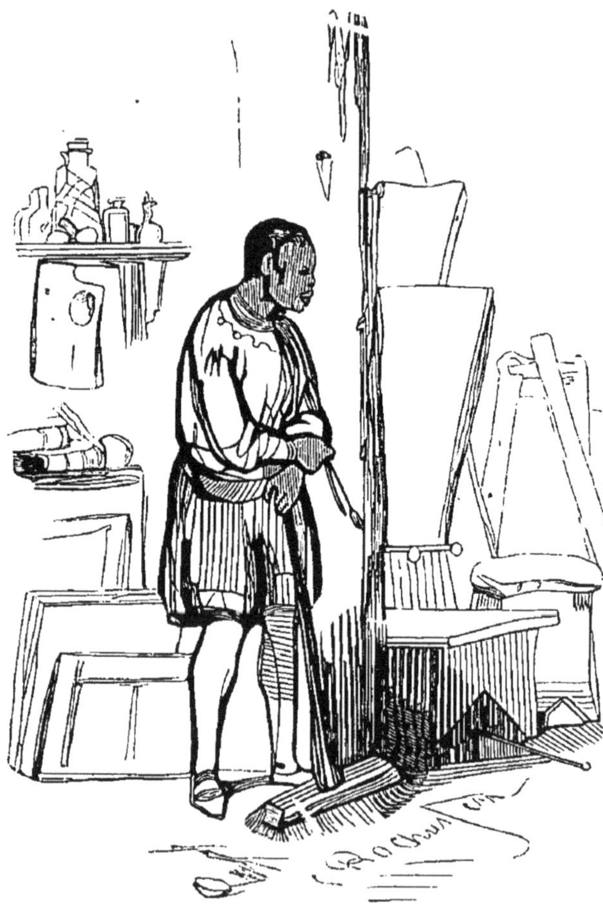

restes de couleurs qu'il ramassait à droite et à gauche. Il sentait lui-même qu'il ne faisait que barbouiller; mais il y trouvait du charme; et il gardait, sur ces occupations secrètes, un silence si absolu, que personne ne les soupçonna.

Au moment de l'agitation qui règnait, comme nous l'avons dit, dans l'habitation de Velasquez, le pauvre esclave paraissait le plus affairé; chacun lui donnait des ordres. C'est qu'on attendait deux illustres visiteurs. L'un était le roi Philippe IV; pour lui qui venait assez fréquemment, on n'eût pas fait toutes ces soigneuses cérémonies. Mais l'autre s'appelait Pierre-Paul-Rubens; et le bourgeois d'Anvers était, pour Velasquez et ses élèves, bien au dessus du roi de toutes les Espagnes; c'était leur souverain à eux, le roi de la peinture, le grand-maître des arts. Alors en Europe on ne prononçait qu'avec un respectueux enthousiasme le grand nom de Rubens. Dans sa glorieuse patrie, dans la Hollande, dans l'Empire, en France, en Italie, en Angleterre, en Espagne, partout ce nom était révéré et digne de l'être.

Rubens était l'ami de tous les Princes. Marie de Médicis le chérissait; Philippe IV l'avait comblé de dignités; le roi d'Angleterre Charles Ier l'avait créé chevalier en plein parlement; l'infante Isabelle aimait à s'asseoir auprès de son chevalet. Il avait accroché des toiles dans toutes les galeries de l'Europe; il avait formé des écoles de peinture et de gravure qui devaient étonner le monde. Architecte, il s'était bâti un palais; il avait construit la magnifique église des Jésuites d'Anvers. Diplomate, il avait conclu des traités de paix, en faisant le portrait des potentats. Ecrivain, il était en correspondance avec les premiers savants de l'Europe.

Son caractère répondait à son génie. Il entretenait à ses frais de jeunes artistes à Rome. Il faisait taire ses ennemis par des bienfaits. Corneille Schut s'était déclaré son adversaire; il apprit qu'il manquait de travaux; il lui en procura sur le champ. Il faisait faire par Van Uden et par d'autres de ses élèves les animaux et les paysages de ses tableaux. On lui reprocha de ne savoir pas traiter ces genres; — peu de temps après, il exposa en public des chasses de la plus grande force et de magnifiques paysages, entièrement peints de sa main. On blâmait ses caractères de têtes; il fit la Descente de Croix. Il répondait à la critique en la désarmant, c'est à dire en faisant ce qu'elle l'accusait de ne pas savoir faire. Il citait ce proverbe espagnol: — Faites bien, vous aurez des envieux; faites mieux vous les confondrez.

Velasquez éprouvait une vive émotion, à la pensée qu'il allait être jugé par le plus célèbre des artistes de son temps. — Ma renommée n'est rien, disait-il, tant que je n'aurai pas l'approbation de Rubens.

Il ne voulait se montrer à lui qu'entouré de chefs-d'œuvre. Il avait fait exprès, pour cette grande entrevue, son célèbre tableau de *la Robe de Joseph*, que les Français en 1809 apportèrent au Louvre et que les évènements qui renversèrent Napoléon rendirent à l'Espagne. Il comptait sur l'effet de cette toile; car deux ans auparavant Rubens, venu à Madrid, avait laissé dans cette ville d'éclatantes productions de son pinceau; et l'artiste espagnol s'y était inspiré.

A midi, deux cortèges brillants arrivèrent à la porte de la cour du pavillon habité par Diégo Velasquez. L'un de ces cortèges s'arrêta avec déférence pour laisser passer le roi Philippe IV, entouré de l'élite des grands d'Espagne. Puis cet autre cortège entra; c'était Rubens, accompagné de Van Dyck, de Sneyders, de Van Uden, de Gaspard Craeyer, de Widens et d'autres artistes, ses élèves, qu'il emmenait avec lui dans ses ambassades; car il venait pour la seconde fois en Espagne, avec le caractère d'ambassadeur.

Dès que l'artiste flamand se trouva en présence du

Roi, il se hâta de descendre de cheval et vint s'incliner devant le Prince. Mais Philippe IV ne voulut pas recevoir d'hommages. — Nous sommes chez un peintre, dit-il; c'est vous ici qui êtes le monarque.

Il le prit en même temps par le bras, en dépit de sa pointilleuse étiquette; et les deux rois entrèrent dans l'atelier, suivis de leurs cours.

De la part de Velasquez et de ses élèves, les politesses étaient pour Philippe, les honneurs pour Rubens. Juan de Paréja, l'esclave mulâtre, paraissait surtout fasciné. Ses yeux ardents dévoraient le grand homme avec une chaude vénération. On eût pu voir que, s'il l'eût osé, il se fût prosterné à ses genoux.

Rubens avait cinquante-deux ans. Sa tête était belle; sa figure imposante; son port noble et distingué. Habitué à voir les cours, il joignait à la majesté du génie les manières élégantes du gentilhomme.

Les cœurs de tous les assistants battaient avec plus de vitesse, pendant que le chef de l'école flamande examinait en silence les ouvrages du chef de l'école espagnole. A la vue de *la Robe de Joseph*, il exprima sa profonde admiration et tendit affectueusement la main à Velasquez, qui se jeta dans ses bras. — Voilà le plus grand jour de ma vie! s'écria le peintre de Philippe IV. Vous mettrez le comble à mon bonheur et à ma gloire. Senior, continua-t-il en s'adressant à Rubens, si vous daignez honorer mon atelier en laissant sur une de mes toiles un coup de pinceau de votre main, comme souvenir et monument de votre passage.

En disant ces mots, Velasquez indiquait de la main ses principaux tableaux et présentait à Rubens un pinceau et une palette, dans l'espoir que le grand artiste jetterait sur quelque partie d'un de ses ouvrages un rayon de sa flamme.

— Tout ce que je vois est achevé, dit Rubens. Mais je vous ferai avec plaisir une esquisse.

Il se baissa en même temps pour prendre une toile retournée contre le mur et qu'il croyait blanche. Il jeta un cri de surprise; car cette toile était le tableau connu depuis sous le nom de *l'Ensevelissement*.

L'esclave mulâtre pâlit de frayeur, en voyant dans de telles mains cette toile qu'il ne croyait pas là et qu'il avait peinte dans le secret de sa solitude. Il se mit à trembler comme un coupable, baissant la tête sous la double attente de la réprimande de son maître et de la raillerie des élèves. Rubens cependant examinait cette peinture attentivement. — J'avais cru d'abord, dit-il enfin, que cet ouvrage était de vous, Velasquez....

L'esclave releva la tête, n'osant en croire ses oreilles et se sentant enlevé par un rêve d'or au delà de tous ses vœux. Mais personne ne le remarquait.

— En y regardant de plus près, continua Rubens, je reconnais que cette peinture doit être d'un de vos élèves. Quel qu'il soit, il peut dès à présent se dire un maître ; car il y a là du talent et du génie.

Chacune de ces paroles doublait les palpitations dans le cœur du pauvre Juan.

— J'ignore, répliqua Velasquez étonné, en examinant aussi cette toile, j'ignore en vérité qui a peint ce tableau, que je ne savais pas dans mon atelier.

Il jetta un regard inquiet sur tous ses élèves : — Qui de vous, messieurs, a fait ceci? demanda-t-il.

Personne n'avait répondu, lorsque ses yeux rencontrèrent le mulâtre. Juan de Paréja tomba à genoux, dans une émotion inexprimable.

— C'est moi, dit-il.

Et Van Dyck fut obligé de le soutenir. Il s'était mis à pleurer sans pouvoir ajouter un mot de plus. Rubens et Velasquez le rélevèrent et l'embrassèrent. Le roi Philippe IV, heureux témoin de cette grande scène, s'avança aussitôt; et posant sa main royale sur l'épaule du mulâtre: — Un homme de génie ne peut rester esclave, dit-il; levez le front et soyez libre. Votre maître tout-à-l'heure recevra deux cents onces d'or pour votre rançon.

— Et ces deux cents onces d'or, Juan, t'appartiennent, ajouta Velasquez. J'ai déjà beaucoup gagné en trouvant en toi, au lieu d'un esclave, un artiste et un ami.

— Ah! toujours un esclave, s'écria Juan de Paréja, avec effusion. Oui, reprit-il, je veux toujours être votre esclave.

Et il embrassait les genoux de son maître.

Rubens, trop ému, avait déposé la palette et le pinceau. Il remit au lendemain le plaisir que lui demandait Velasquez. Les deux cortèges sortirent.

Le lendemain, Rubens vint, selon sa promesse. Il peignit une heure et laissa une esquisse. Il fut servi par Juan, maintenant vêtu en homme libre; et il ne partit pas sans avoir embrassé encore ce nouveau confrère, qui semblait l'adorer.

Peut-être accueillerez-vous maintenant quelques mots sur la vie d'artiste de Juan de Paréja. Il n'oublia jamais les bons traitements qu'il avait reçus de Velasquez; jamais il ne voulut consentir à se séparer de lui. Il l'accompagna partout, et fut admis à Rome, le même jour que lui, dans l'académie de Saint-Luc, qui alors comptait parmi ses membres le Dominiquin, le Guide, Pietro de Cortone, Poussin, Sandraert, le Guerchin et plusieurs autres grands noms.

Velasquez mourut à Madrid en 1660, frappé d'une maladie contagieuse. Juan ne quitta son lit funèbre que pour aller continuer ses soins à sa veuve. Il la vit mourir huit jours après, de la même maladie; et alors il se rendit près de la fille de son maître, qui depuis peu avait épousé le paysagiste Martinez del Mazo.

— Seniora, lui dit-il, il ne me reste que vous. Prenez-moi à votre service, si vous ne voulez pas que je meure.

— Entre; tu es de la maison, repondit Mazo.

Et Juan s'attacha de tout son devouement au paysagiste, qui lui dut la vie. Car en 1670, pour un tableau satyrique que l'on montre encore au palais d'Aranjuez, un grand seigneur de Madrid, se trouvant offensé, avait aposté un assassin chargé de poignarder Martinez del Mazo. Juan de Paréja, qui accompagnait toujours celui à qui il s'était donné, se jetta au devant du poignard, reçut le coup et en mourut.

Le musée de Madrid possède de l'artiste mulâtre plusieurs portraits admirablement peints. La partie de l'immense musée de Paris qu'on appelle Musée Espagnol s'est enrichie de deux de ses tableaux, l'un est *les Saintes Femmes au tombeau du Sauveur*, l'autre cette fameuse toile de *l'Ensévelissement* qui reçut la lumière dans les mains de Rubens. *La vocation de Saint-Matthieu*, qu'on regarde comme le chef-d'œuvre de Juan de Paréja, est au palais d'Aranjuez.

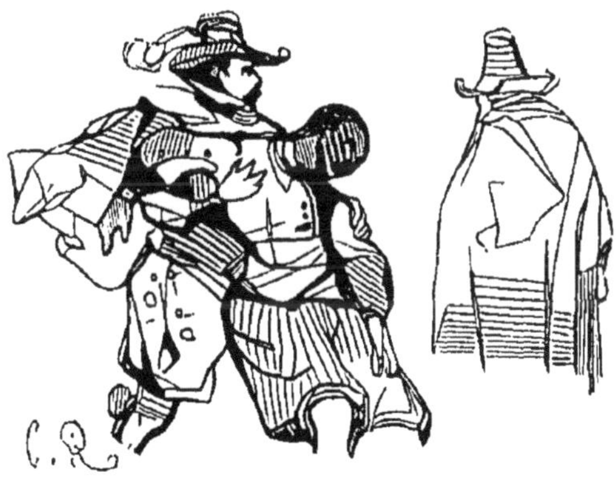

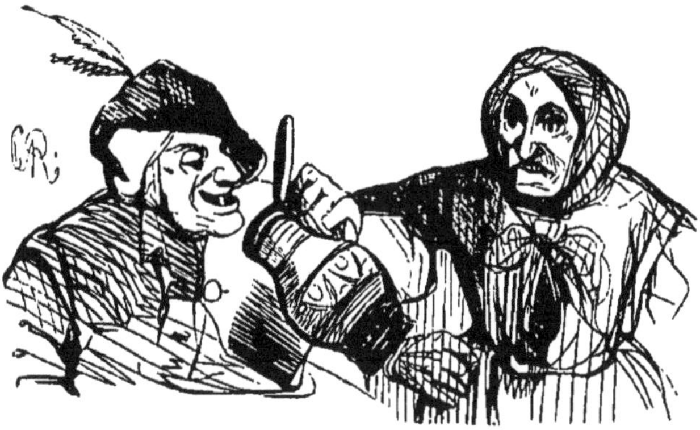

LES FATALITÉS D'ADRIEN BROUWER.

> L'homme aux exemples se façonne,
> Recevant les plis qu'on lui donne.
> Enfant, pour lui tout est miroir.
>
> Coras.

I. — BROUWER ET SON PÈRE.

Dans une triste maison d'Audenarde, au premier quart du dix-septième siècle, on n'entrait jamais sans voir, assidument accroupi devant un petit métier à broder, un enfant de chétive apparence qui peignait, sur des morceaux de toile de la grandeur d'une soucoupe, ou des oiseaux, ou des fleurs, ou de gracieuses fantaisies. Précédemment, il se bornait à dessiner ces objets sur des canevas; et sa mère les brodait en laine, variant de son mieux les couleurs. Depuis peu il avait essayé de les peindre; et il le faisait avec tant de talent, qu'on préférait son travail à celui de sa mère.

Cette industrie avait un emploi; la mère faisait des bonnets de femmes; et les dessins, brodés dabord, peints ensuite, en composaient les fonds. Toutes les jeunes filles, toutes les femmes d'Audenarde et des environs recherchaient ces charmantes parures, que nos peintres d'histoire ne songent pas à reproduire dans les sujets de cette époque. C'était en 1619. On a perdu cet usage riant; depuis longtemps déjà les femmes dans leur coiffure, se sont contentées d'allier à la simple mousseline ou à la riche dentelle les fleurs artificielles et les rubans. Il reste pourtant, dans certaines familles des Pays-Bas, quelques traces des fonds de bonnets coloriés ou peints; on les compose d'un tricot de perles de verre aux nuances variées. Mais ces jolies coiffures sont abandonnées aux petits enfants.

Le frêle artiste, dont nous venons de parler, était un enfant d'Audenarde. Son père dessinait des ornements et des arabesques pour les tapisseries de haute-lisse qui se fabriquaient alors dans cette ville. Sa mère, comme nous l'avons dit, faisait des bonnets; et son commerce de tous les jours nourrissait la maison; car le mari ne manquait jamais de porter au cabaret tout ce qu'il gagnait de son côté. C'était pour l'enfant un fâcheux exemple.

Il n'en était garanti, ni par les conseils, ni par les tendresses de sa mère qui, dure et insensible et ne voyant que le travail, ne laissait connaitre à l'enfant aucune de ces joies qui rendent le jeune âge si digne d'envie. C'était une de ces femmes, heureusement rares, qui n'accordent d'affection qu'autant qu'elles en ont et qui en ont peu, qui punissent toujours et ne récompensent jamais. Peut-être faut-il attribuer à ce caractère inhumain les écarts de son mari, comme on pourra lui reprocher aussi les désordres de son fils, un peu plus tard.

Tous les soirs, le petit Adrien Brouwer (c'est le nom de çet enfant) se couchait accablé de tristesse et de lassitude. Et pourtant il sentait dans son cœur, en même temps que le goût des arts, un appétit de bonheur, un désir immense de quelques innocents plaisirs; il eut voulu bondir au soleil, se suspendre aux rameaux flexibles, courir après les papillons et les fleurs, folâtrer dans la chaude poussière, se baigner dans les eaux limpides, se rouler dans les prairies.

Mais le dimanche même n'était pas pour lui un jour de fête; après les saints offices, seul moment qui lui rendît un peu de sérénité, sa mère le retenait auprès d'elle, à écouter de graves remontrances au dessus de sa raison, ne lui accordant d'une religion consolante que les rigueurs. L'unique délassement qu'eût le pauvre enfant, et c'était un délassement déplorable, il le devait à son père qui le menait quelquefois au cabaret, lui donnant ainsi tout-à-la fois, avec les principes du dessin, l'habitude de contempler en face l'ivrognerie.

Aussi depuis, a-t-il avoué qu'il avait tiré de ses premières impressions cette conclusion malheureuse: qu'une femme est dure et grondeuse, qu'un ménage est triste, et que le bonheur d'un homme est de noyer sa raison....

Dans ces circonstances, un jour que le père était au cabaret et la mère en course chez ses pratiques, le petit Adrien Brouwer, seul, assis à la porte de la maison, peignait attentivement un oiseau aux vives couleurs, lorsqu'un étranger, dont l'air annonçait tout-à-fait un bon-homme, s'arrêta devant lui.

— Est-ce que vous êtes peintre, mon petit ami? dit le passant, en examinant avec un vif intérêt le travail d'Adrien.

— Peintre! oh! non myn heer, répondit l'enfant surpris.

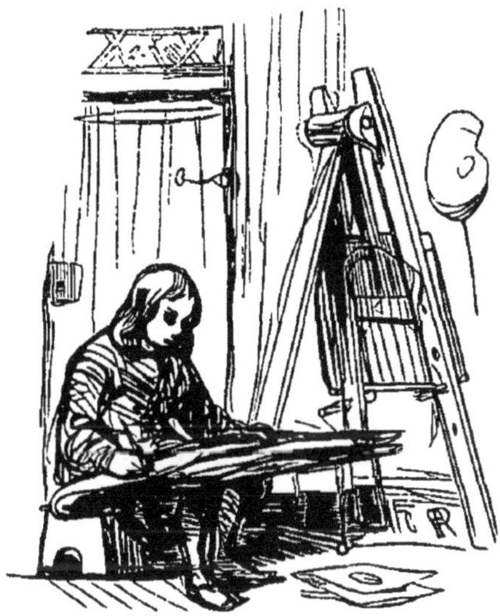

— Voilà pourtant qui est délicatement fait et peint avec sentiment! Qui vous a donné des leçons, mon fils?

— Personne, myn heer, excepté mon père, qui m'a appris à tenir le crayon; mais lui-même ne peint pas.

— Et dites-moi, reprit l'étranger, voudriez-vous devenir peintre?

Les yeux d'Adrien s'enflammèrent à ce mot; son cœur battit plus vivement: — Si je le voudrais! dit-il d'une voix émue. Mais non, je suis trop pauvre pour apprendre un si haut métier.

L'inconnu contempla de nouveau la petite peinture qu'il avait sous les yeux et il en parut entièrement séduit.

— Eh bien! mon enfant, dit-il d'une voix caressante, qu'il vous plaise seulement de venir avec moi. On veut bien me regarder comme le premier peintre de Harlem. Vous serez dans la compagnie de mes élèves; vous habiterez une ville riante et superbe; je vous tiendrai bien nourri et vêtu; et je vous traiterai comme mon fils.

— Oh! partons, partons de suite, myn heer, répondit vivement le petit artiste, dont chaque parole avait enflammé le cœur.

Il s'était levé subitement. Le bonheur d'être affranchi d'un travail incessant, la joie de courir le monde, de voir et d'entendre, de s'agiter au plein soleil, de rouler dans une carriole, de voguer dans une barque, l'espoir de devenir peintre, d'étudier dans un atelier, d'avoir de jeunes camarades, — toutes ces sensations qui remplaçaient en tumulte la fatigue habituelle de tout son être, — l'agitaient et le mettaient hors de lui. Élevé trop peu chrétiennement pour connaître ses premiers devoirs, il ignorait qu'un lien sa-

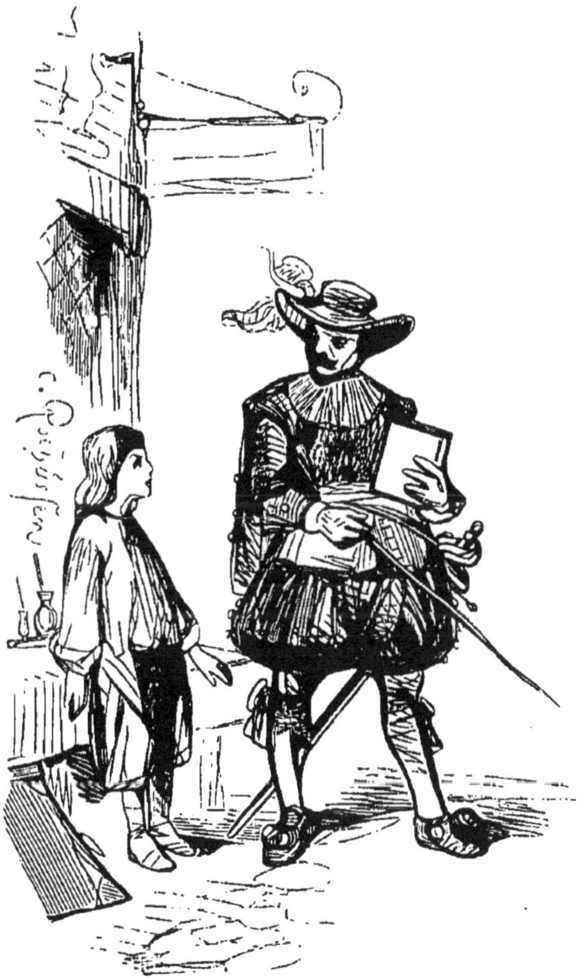

cré attache un enfant à sa famille ; il ne voyait dans la proposition qui lui était faite qu'un affranchissement.

— Partons, répéta-t-il, avant que ma mère ne revienne ; car elle me retiendrait.

L'étranger que l'enfant voulait suivre ainsi était François Hals, peintre célèbre en effet, né à Malines, mais établi depuis longtemps à Harlem et compté dans le petit nombre des peintres illustres de son époque. Il fallait que, du premier coup-d'œil, il eût remarqué dans Adrien Brouwer des dispositions dont il comptait tirer bon parti, pour s'exposer ainsi au rapt d'un enfant. Il l'emmena à son auberge, prit ses hardes, et partit avec lui, lui promettant un bon souper au premier relai.

Ce ne fut qu'en se retournant, après avoir franchi la porte d'Audenarde, que l'enfant sentit qu'il abandonnait son père et sa mère, et qu'il se mit à pleurer. Était-ce un remords? Il avait reçu de sa mère si peu de marques de tendresse, que les fibres affectueuses de son cœur n'avaient pu se dilater ; il se fit bientôt l'objection qu'il reviendrait peintre et riche, et que son père et sa mère lui pardonneraient sa fuite. Et puis il ne savait pas quel tort son absence pouvait faire à sa mère ; jamais on ne lui avait dit ce que produisait son travail ; et jamais on ne lui avait donné la moindre pièce d'argent. Il soupa donc de bon appétit, et il s'endormit, bercé de rêves qu'il n'avait jamais eus encore.

II. — BROUWER ET SON MAITRE.

Tout dans la route ravissait le petit artiste ; les longs passages en barque l'enchantaient ; la Hollande, si riante en été, le charma ; la ville de Harlem, si fraîche et si brillante, lui sembla un paradis, surtout quand on l'eût assuré que sa famille ne pouvait pas venir le reclamer là. Ni la petite rue tortueuse où demeurait Hals, ni la médiocre apparence de sa maison, ni la mine pincée de sa femme, ne le désenchantèrent. Cette femme avait préparé à souper. L'enfant d'Audenarde se vit à table avec deux élèves, Dirk van Delen et Adrien van Ostade ; il se trouva fort heureux.

Le lendemain, lorsqu'en dessinant des oiseaux et des fleurs il eût montré ce qu'il savait déjà, ses camarades lui prédirent qu'il irait loin ; et dès ce premier jour, Hals commença à l'initier dans ces connaissances spéciales de l'art de la peinture, qui ne se devinent pas.

Au bout de six mois, l'artiste précoce faisait de petits tableaux, qui disparaissaient, à mesure qu'ils étaient achevés, parceque son maître les vendait. —

Il fut longtemps sans remarquer le mauvais côté de sa nouvelle position ; durement élevé, les privations lui étaient moins sensibles qu'à un autre. Mais comme ici-bas on desire toujours d'être mieux, il finit par sentir qu'il n'était pas trop bien ; et les plaintes de ses camarades d'atelier lui ouvrirent les yeux. Hals était intéressé ; sa femme, profondément avare, ne voyait de bonheur que dans l'or qu'elle entassait. Brouwer était donc mal nourri, mal vêtu et couché sur un grabat. Ostade et van Delen, moins à plaindre, recevaient quelques secours de leurs parents ; mais lui, il osait à peine songer aux siens.

Dés qu'il parut mécontent de sa misère, on le surveilla plus attentivement ; on le laissa moins sortir. On n'a jamais confiance dans un coupable. — Il a bien quitté sa mère, disait la femme de Hals ; rien ne nous assure qu'il ne songe pas à nous quitter aussi.

A côté de l'avarice sordide de cette maison, Hals, qui en était le chef, avait un autre défaut dont il semblait que le pauvre Adrien Brouwer ne pût éviter le spectacle. Hals était ivrogne. Il passait la plupart de son temps au cabaret ; et il y était si assidu qu'il fallut l'en tirer, à moitié ivre, lorsque Van Dyck, passant par Harlem, voulut avoir son portrait peint par lui. C'était pourtant un habile peintre que François Hals, et doué de dispositions qui l'eussent mené à de grandes choses, sans son penchant désastreux. Il saisissait merveilleusement la ressemblance, peignait très-vite et jouissait, pour le portrait surtout, d'une grande renommée. Il était bon connaisseur. Dans la circonstance que nous venons de citer, après que Van Dyck se fût fait peindre sans se nommer, il prit les pinceaux des mains de Hals, en disant qu'il voulait faire sa tête à son tour. Il eut à peine ébauché que François Hals s'écria : — Vous êtes Van Dyck.

Avec tout cela, le peintre de Harlem n'est pas sorti d'une demi-obscurité ; et son nom ne se trouve même pas dans la plupart des biographies. C'est que, soumis à des inclinations basses, on ne s'élève jamais réellement ; et depuis qu'on cultive les arts, il n'a pas encore été donné à un artiste, flétri d'ivrognerie ou de crapule, de se faire un nom qui ait un peu de consistance.

Mais revenons à Brouwer. En l'absence de Hals, sa femme faisait travailler les élèves, qui tous les soirs allaient rechercher leur maître au cabaret et le ramenaient de leur mieux à son logis. C'était une distraction dont Brouwer fut privé, dès qu'on se défia de lui ; et comme un soir, malgré la défense, il essaya de sortir avec ses camarades, la maîtresse de la maison l'enferma dans son grénier et ne l'en laissa plus descendre. Il avait quatorze ans. — Sa geolière lui porta le lendemain matin des panneaux, des pinceaux, des couleurs; elle lui assigna sa tâche; et il fallait qu'elle fût faite pour qu'on lui donnât à manger. Elle diminua les portions déjà modestes de ses repas, disant que, ne faisant plus de mouvement dans son grenier, il devait pour sa santé manger un peu moins. L'enfant regretta alors le joug de sa mère.

On était à l'automne. Ses camarades, ne le voyant plus depuis quinze jours, crurent qu'il s'était enfui. Mais un matin ils entendirent sa voix, et levant les yeux dans la cour, ils le virent à une lucarne, activement occupé à peindre, pour gagner son déjeuner. Il faisait de petites scènes de cabaret; et il avait l'habitude, qu'il conserva toujours en travaillant, de parler sans cesse à ses personnages, de les apostropher ou de les faire disputer entre eux, comme s'il se fût inspiré de leurs dialogues. Surpris de cette découverte, Ostade et van Delen allèrent, le lendemain matin, pendant que la maîtresse du logis était au marché et que le maître dormait encore, parler au petit captif. A travers les cloisons mal jointes de sa prison, ils virent avec peine qu'il avait froid, qu'il avait faim, qu'il n'était vêtu que de guenilles.

— Tu devrais t'échapper, lui dit van Ostade ; avec ton habileté, tu trouveras partout moyen de vivre.

— Vous croyez? répondit Brouwer, qui n'était pas sorti encore de son ingénuité.

— Certes! le maître vend très-bien tes petits tableaux.

— Alors, je pourrais peut-être les vendre aussi. Mais je suis enfermé.

— Nous t'aiderons à rompre la serrure.

— Mais je n'ai pas un escalin ; et je mourrai de faim, dès que je serai sur la rue.

— Écoute-moi, dit alors van Delen ; si tu veux me faire en cachette les douze mois de l'année et les cinq sens, je te les payerai quatre sous pièce ; et je te fournirai le papier. J'ai placement pour ces petits dessins chez un libraire.

— Je les ferai, dit vivement le prisonnier. Mais n'en parle pas.

— Chut!... fit van Ostade ; — car le bruit de la porte extérieure venait rompre l'entretien. Ostade et van Delen se hâtèrent de descendre à l'atelier.

Huit jours après, — les-dix sept dessins étaient faits, sans que Hals ni sa femme s'en fussent doutés. Avec la petite somme qui en fut le prix, Adrien Brouwer se crut riche. Son grenier et son grabat lui parurent donc insupportables. Le lendemain matin, aidé de ses amis, il ouvrit la porte de sa geôle et gagna la rue.

Ce fut pour lui encore un bonheur immense de se retrouver libre. Voulant entreprendre un grand voyage, il commença par se munir de provisions; et maître de choisir celles qui le flattaient le plus, il acheta une énorme quantité de pain d'épices; il s'en régala sans ménagement; puis il entra dans une église pour se recueillir et sans doute pour remercier Dieu de sa liberté. Il eût dû partir ensuite; mais il se resolut à attendre là quelques heures, craignant qu'on ne le cherchât dans la ville et n'ôsant s'y hasarder. Par malheur pour lui, la seule personne peut-être qui le connût à Harlem, et qui était un ami de Hals, entra alors dans cette même église, et apercevant le pauvre fugitif lui demanda ce qu'il faisait-là? Le petit artiste fut obligé de raconter ses peines.

— Je me charge de raccomoder tout cela, mon jeune ami, dit le Harlemois; je parlerai de sorte que dorénavant on vous traitera mieux. Mais vous ne devez pas quitter sitôt maître Hals, qui fera de vous un bon peintre. D'ailleurs, en haillons comme vous voilà, on vous arrêterait pour vous loger avec les mendiants vagabonds; et ce serait bien autre chose!

Brouwer se laissa donc reconduire, le cœur un peu

gros, ne sachant trop s'il devait résister, ou trop timide pour oser le faire.

L'ami de Hals, en lui ramenant son élève, lui reprocha son avarice et sa dureté. La femme du peintre, qui déjà avait supputé ce que lui faisait perdre la fuite du jeune artiste, subit les reproches en baissant la tête. Voulant retenir l'enfant par une autre voie, elle feignit de se laisser attendrir et promit de traiter désormais le pauvre élève comme son fils. Ce qui excita surtout cette manifestation de tendresse, c'est que les deux camarades de Brouwer, pour couper court aux recherches qu'on pouvait faire sur la manière dont il s'était procuré les moyens de se régaler de pain d'épices et d'en gonfler toutes ses poches, déclarèrent qu'eux-mêmes lui avaient donné de l'argent, qu'ils avaient favorisé son évasion, et qu'ils la faciliteraient encore, s'il n'était pas maintenant leur égal en toutes choses.

Ainsi, on ne le fit plus coucher au grénier; il travailla dans l'atelier, qui était passablement chauffé par un bon poële; on le nourrit un peu moins mal. Avec un vieil habit du peintre, on lui fit un vêtement assez propre. On lui permit, comme autrefois, d'aller le soir, en compagnie des autres élèves, rechercher Hals au cabaret.

Il faut placer alors le récit de la plaisanterie que les élèves de ce peintre lui firent un soir. Lorsqu'il se trouvait dans la demi-ivresse qui avait pour lui tant de charmes, il devenait tendre et sensible; il régalait ses élèves et les appelait ses enfants. Quand il rentrait dans cet état, il couchait dans un petit lit antique à baldaquin, dressé au rez-de-chaussée. Ses élèves l'aidaient à se déshabiller, puis se retiraient avec la lanterne, car on ne leur donnait pas d'autre lumière. Mais tous les soirs, ils entendaient François Hals, en mettant la tête sur l'oreiller, faire une courte prière, qu'il ne manquait jamais de terminer par ces mots: — Mon Dieu, rappelez-moi à vous dans les cieux, le plutôt possible.

La chambre au vieux lit était au dessous de l'atelier. Les trois espiègles, ayant percé le plancher, avaient passé des cordes et préparé une sorte de mécanisme au moyen duquel, un soir que le vieux peintre resté seul dans sa chambre faisait tout haut sa prière, son lit s'enleva doucement et se mit à monter. Tout embrouillée qu'était sa tête, il sentit ce mouvement, s'en effraya et se mit à crier: — Pas sitôt, mon Dieu, pas sitôt!

Le lit alors redescendit. Tout rentra dans le calme. On ajoute que François Hals ne dit jamais un mot de cette aventure, que par conséquent il n'en chercha jamais l'explication. Mais depuis, il supprima la finale habituelle de sa prière.

Adrien Brouwer passa chez ce maître un nouveau bail de dix-huit mois, supportant mieux sa destinée et ne soupçonnant pas encore ce qu'il valait. Pourtant ses idées se développaient. Ses ouvrages disparaissaient si vite, qu'il pensa qu'on les recherchait; et quelques mots qu'il entendit lui firent comprendre qu'on les vendait bien. Par un beau matin de printemps, il s'échappa de nouveau, quitta rapidement Harlem et s'en alla droit à Amsterdam.

Mais il emportait de là encore, plus fortement enracinées qu'à sa première fuite, ces idées que les femmes étaient avares et revêches, et que le bonheur des hommes était au cabaret. Que voulez-vous? Van Ostade, dont on prétend que l'âme était plus élevée, a dû aussi à son éducation cet amour du cabaret qui anime la plupart de ses tableaux.

III. — BROUWER ET SON HOTE.

Voilà donc l'apprentissage fini; voilà donc ce jeune homme lancé dans le monde. Mais ses premières impressions tueront son avenir. Depuis ses tendres années, il avait vu les êtres qu'on doit respecter le plus, son père et son maître, livrés complètement à l'ivrognerie. Elle lui semblait donc le plus haut privilège des hommes; et il ne pouvait regarder le travail que comme moyen de se procurer à manger et surtout à boire.

Ce qu'il ne manqua pas de faire en arrivant à Amsterdam, ce fut d'entrer dans un cabaret. Il était sans argent. Tout en buvant, il rêvait au moyen de dîner; et tout en rêvant il dessinait sur la table une figure grotesque, qui était devant lui. C'était celle du cabaretier lui-même, joyeux compère, lequel avait un fils qui apprenait aussi la peinture; en raison de quoi il se piquait d'aimer un peu les arts.

— Vous êtes peintre, dit-il à Brouwer, en considérant son esquisse, qui n'était pas flattée. — Néanmoins, comme il avait le caractère bien fait: — Vous allez dîner avec nous, ajouta-t-il.

— Mais, répondit Brouwer, si j'avais une bourse, je vous dirais qu'elle est à sec.

— N'importe! vous avez du talent. Je vous donnerai un panneau et des couleurs. Vous ferez de votre mieux un petit tableau qui se placera vite. Les amateurs ne manquent pas.

C'était jouer de bonheur. Le jeune homme dîna gaîment; et comme son hôte avait encore les goûts qui rendaient François Hals sensible, il signala son arrivée dans Amsterdam en restant à table jusqu'à minuit.

Le lendemain matin, il se vit installé dans une chambre que le cabaretier lui donna; et il se mit à peindre. Après quelques jours de travail, il eut terminé un petit tableau; sur la recommandation de son hôte, il l'alla porter à un amateur qui lui en offrit cent florins. Il fut aussi surpris de l'énormité de cette somme, qui lui paraissait une fortune, que d'apprendre que son nom et sa manière étaient déjà connus. Il s'en revint plein de joie à son cabaret, concevant à peine qu'il eût en sa possession un trésor de cent florins, les répandit sur son lit, pour pouvoir dire qu'il avait roulé sur l'argent, se vautra comme un fou dans ses florins, puis se mit en fête et dépensa tout en dix jours.

Comme son hôte, qui à son égard se débattait entre l'approbation et la censure, lui faisait observer pourtant qu'il avait dévoré sa petite somme lestement: — Je me suis hâté de m'en débarrasser, répondit Brouwer, afin d'être plutôt libre.

Ce fut désormais sa règle de travailler au cabaret, et de travailler plus ardemment lorsqu'il n'avait plus rien dans sa bourse.

On a beaucoup chargé la mémoire d'Adrien Brouwer. On a dit, à propos de ses orgies, que ce fut un homme de mauvaise vie et de débauche. On voit cependant qu'il travailla, qu'il chercha ardemment à

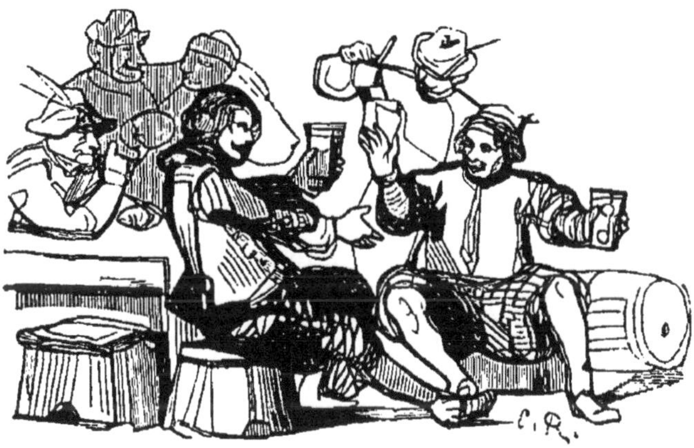

s'instruire; qu'il apprit l'espagnol et le français; qu'il étudia son art et qu'il donna toujours de bon conseils à ses amis. On lit dans les biographes que, toujours fidèle à son usage de s'entretenir avec les personnages qu'il réprésentait dans ses tableaux, il leur adressait la parole en espagnol, en français ou en flamand, selon le pays dont il leur donnait le costume.

Il était à la fois original et généreux. Dès qu'il se

reconnut capable de gagner de l'argent, il voulut faire venir auprès de lui son père et sa mère. Mais il apprit avec douleur qu'il les avait perdus.

En fait d'originalités, citons seulement celle-ci, que quand on ne lui donnait pas, du tableau qu'il avait fini, le prix qu'il fixait, il le jettait au feu et le recommençait avec plus de soin.

Son caractère léger et son isolement lui firent faire quelques folies. En voici une, qui n'est certainement pas d'un imbécille, que les faiseurs d'anas, — en la rajeunissant d'un siècle, ont attribuée à Piron, — et qui mettait en action, longtemps avant Sedaine, la morale de l'*Épître à mon habit*.

Brouwer tenait peu à l'élégance du costume; il était toujours assez mal vêtu, comme un homme qui se souvenait de sa défroque de Harlem. Un jour qu'un de ses amis allait se marier, remarquant qu'il ne l'invitait pas à la noce, il soupçonna le motif secret de son exclusion, se fit faire un superbe habit de velours, et s'en alla pour lors en belle tenue visiter son ami, qui, le voyant si présentable, se hâta de le convier du festin. Brouwer s'y rendit; puis au milieu du repas, prenant un plat rempli de sauce, il le répandit solennellement sur son habit de cérémonie, à la grande stupéfaction de l'assemblée.

— Que faites-vous donc? lui cria le marié, le croyant fou.

— Je régale l'habit que vous avez invité, répondit Brouwer.

Un autre jour, comme on lui représentait qu'il n'entrerait pas au grand théâtre d'Amsterdam, où l'on donnait spectacle-gala, sans être vêtu avec un peu de richesse, il prit une toile, y peignit à la détrempe de charmantes fleurs dans le goût indien, et s'en fit un manteau qui excita l'admiration générale. Lorsqu'il vit, dans un entr'acte, qu'il était l'objet de tous les regards, que toutes les dames s'inquiétaient de savoir où l'on pouvait se procurer des étoffes de cette sorte, il prit une éponge mouillée, enleva la peinture: — Et maintenant que ce n'est plus qu'une toile nue, dit-il, vous trouvez donc que j'en vaux moins?

Après avoir illustré son séjour d'Amsterdam par de bons tableaux et de joyeuses espiègleries, soit qu'il s'y déplût, soit qu'il y eût fait des dettes, soit qu'il fût poussé par un amour des voyages, soit qu'il se fût attiré quelque désagréable affaire, Adrien Brouwer partit tout-d'un-coup pour la Flandre. Il arriva aux portes d'Anvers, au moment où la mort de l'infante Isabelle ayant réveillé dans les Pays-Bas quelques germes de divisions, le stathouder Frédéric-Henri avait mis le pied dans les provinces catholiques et cherchait à en ravir quelques lambeaux. Le pays était sur ses gardes ; si bien qu'en voyant un homme mal vêtu, de mauvaise mine, flânant et observant, on le prit pour un espion ; et l'entrée d'Adrien Brouwer dans la ville ou règnait alors Rubens, le conduisit tout droit dans un cachot de la citadelle d'Anvers.

Comme ce cachot s'éclairait d'une belle lucarne grillée, le jeune peintre ayant un peu d'argent pour acheter du tabac et de la bière, ne se trouva pas trop mal. Cependant il annonça qu'il était peintre ; et le duc d'Arenberg, qui était en même temps que lui prisonnier dans le fort, lui ayant procuré tout ce qu'il lui fallait pour faire un tableau, il peignit les soldats de la citadelle, occupés à jouer dans un corps-de-garde. Le duc d'Arenberg envoya cette peinture à Rubens, qui, à la force et à l'harmonie de la couleur, à la vérité de l'expression, à l'esprit de la touche, s'écria : — Brouwer seul a pu faire cet ouvrage !

Il en offrit six cents florins ; mais le Duc ne voulut pas le céder.

L'illustre chef de l'école d'Anvers courut alors à la prison, se fit caution du pauvre artiste, l'emmena avec lui, le logea dans son palais, l'admit à sa table, et remonta dignement sa garde-robe.

Mais dans cette aisance de bon ton Brouwer, reconnaissant, n'était pourtant pas à son aise, comme avec l'hôte d'Amsterdam.

IV. — BROUWER ET SON ÉLÈVE.

Alors il y avait à Anvers un boulanger qui se nommait Joseph van Craesbeke. Il était né à Bruxelles dans l'année 1608, en même temps que Brouwer recevait le jour à Audenarde. Il avait couru le pays en qualité de mitron, menant joyeuse vie, aimant les fêtes et l'estaminet, rieur et plaisant et peu réglé dans sa conduite. Son caractère avait plu à une jeune anversoise, que l'on citait comme une beauté; il l'avait épousée et s'était établi maître boulanger.

Ses habitudes d'estaminet lui devinrent d'autant plus chères, qu'il trouvait facilement à Anvers de joyeux compagnons. Aussitôt qu'il avait fait sa plus grosse besogne, il laissait à sa femme le soin de tout le reste et courait tout enfariné joindre ses amis, qui faisaient cas de ses saillies. Il fit au cabaret la connaissance d'Adrien Brouwer, qui tous les soirs désertait les salons de Rubens pour aller fidèlement s'enfumer de tabac et s'emplir de bière.

Brouwer et Craesbeke étaients faits l'un pour l'autre;

ils se lièrent bientôt d'une amitie si intime qu'ils devinrent inséparables. Aussi Brouwer ne tarda-t-il pas à quitter brusquement la maison de Rubens, à qui pourtant il devait tant, pour venir se loger chez le boulanger, lequel sachant sa friandise lui faisait avec tendresse d'excellents petits pains.

On voyait que le mitron était heureux de posséder l'artiste. Dès qu'il avait expédié ses travaux du matin, Craesbeke montait à l'atelier de son ami et restait presque en extâse à le regarder peindre, jusqu'à la chûte du jour. Alors il sortaient ensemble, passaient la soirée à fumer et à boire avec hilarité; et ils rentraient quand ils ne pouvaient plus faire autrement.

A force de voir faire de la peinture, l'idée vint au boulanger qu'il pourrait bien s'en mêler aussi. Un jour qu'il était derrière la chaise de Brouwer, occupé depuis longtemps à l'étudier et suivant de l'œil et de la tête tous les mouvements de sa main: — Il me semble, dit-il en rompant le silence, que j'aurais du goût pour ton art!

Car ils se tutoyaient, comme de vrais camarades d'orgies.

— Eh bien! répliqua l'autre, pourquoi n'essaierais-tu pas?

Il lui mit en main un pinceau, plaça sur le chevalet une toile neuve et le fit asseoir.

Craesbeke essaya et il réussit, parcequ'il avait longuement observé son maître ébauchant et terminant ses tableaux, qu'il avait fini par comprendre ce qu'il voyait, et que sans doute il avait eu dans sa jeunesse quelques leçons de dessin. Il fut bientôt peintre. Au bout de deux ans, il achevait le fameux tableau où il s'est répresenté lui-même faisant le portrait d'Adrien Brouwer. Cet œuvre remarquable est à Paris, dans la galerie du Louvre, avec les Joueurs de cartes de Brouwer, qui attirent justement l'admiration des connaisseurs.

Craesbeke vécut longtemps avec son ami dans l'intimité la plus parfaite. Mais à la fin une querelle les sépara. On croit que cette brouillerie arriva à propos de plaisanteries un peu fortes, dans le genre de celles d'Ulenspiegel, plaisanteries que se permettait quelquefois Brouwer, et qui cette fois obligèrent les magistrats d'Anvers à prier l'artiste de partir du pays. Il s'éloigna, emportant son jugement fait sur les hommes, qu'il appréciait d'après son père d'Audenarde, son maître de Harlem, son hôte d'Amsterdam et son élève d'Anvers, quatre ivrognes. Quant à l'autre sexe, l'épouse de son hôte et la femme de son élève, qui étaient bonnes et douces, l'avaient amené à les juger mieux.

Après le départ de Brouwer, Craesbeke quitta tout à fait son état de boulanger pour se livrer exclusivement à la peinture; il alla s'établir à Bruxelles. Ses tableaux furent recherchés et il les vendait cher. Ils représentent ordinairement des scènes d'estaminet, des querelles, des intérieurs flamands, peints avec une rare finesse, pleins d'action et de mouvement. Il fit aussi des portraits estimés. Souvent il a reproduit le sien, tantôt avec un emplâtre sur l'œil et ouvrant une bouche effroyable, tantôt étudiant sur sa figure l'effet des grimaces les plus bizarres. Il s'approcha bien près de son maître, que pourtant il n'égala point. Mais bien que, comme lui peu soucieux de l'avenir et dépensant son argent aussi facilement qu'il le gagnait, grâce à l'ordre de son heureux ménage, Joseph van Craesbeke en mourant laissa sa femme et ses enfants dans une honnête aisance.

Brouwer cependant, en s'éloignant d'Anvers, se dirigea sur Paris, qu'il voulait voir. Il y arriva en 1639. C'était la vieillesse de Louis XIII et de Richelieu. On n'y goûta ni son talent, ni sa personne. Réduit à une extrême détresse, il s'en revint, ne rapportant de son voyage que le germe d'une funeste maladie. Il regagnait Anvers, où son entrée devait être moins heureuse encore que la première fois. Sachant que Craesbeke n'habitait plus cette ville et n'osant se représenter à la maison de Rubens, il se rendit à un hôpital, où il mourut misérablement, à trente-deux ans, pauvre artiste qui, avec de la conduite, disons mieux avec une autre éducation, eût surpassé Rembrandt.

Était-il châtié d'avoir déserté la maison de sa mère? C'est sur quoi nous n'oserons prononcer.

Rubens, qui devant les talents de Brouwer oubliait ses torts, et qui se montra toujours si noble et si grand, obtint que le corps du malheureux artiste, enterré comme un pestiféré, fût retiré du cimetière public; et il lui donna une sépulture honorable dans l'église des Carmes d'Anvers.

APPENDICE.

M. Emile Souvestre, dans une notice sur Adrien Brouwer dont il a enrichi la Revue des Deux-Mondes raconte, autrement que nous ne l'avons fait, l'anecdote de l'habit peint.

« Un soir, dit-il, que Brouwer à Amsterdam regagnait son logis, vêtu des seuls habits qu'il possédait, il fut dépouillé par des voleurs, qui profitèrent de son ivresse pour le laisser complètement nu. Brouwer se réveilla le lendemain, en chemise, devant sa porte. Il envoie aussitôt chez les marchands demander des étoffes; mais tous refusent de lui faire crédit. Brouwer ne se décourage point: il prend de vieilles toiles de tableaux, s'en fait faire un vêtement complet sur lequel il peint à la détrempe des fleurs richement colorées, puis il gomme le tout, se rend au spectacle et se place dans le lieu le plus apparent. Tout le monde est frappé de la magnificence de son costume, et plusieurs dames lui envoient demander où il s'est procuré cette merveilleuse étoffe; alors Brouwer se fait apporter une éponge, et en présence de la foule stupéfaite, il lave toutes les fleurs de son habit qui redevient une toile sale et grossière. »

On lit, dans la même notice, une tradition assez originale sur Joseph van Craesbeke. Cet homme se figurait que sa femme ne l'aimait plus. Un jour qu'elle causait avec Brouwer dans l'atelier, on entend tout-à-coup dans la pièce voisine des gémissements et des soupirs étouffés.

— Grand Dieu! s'écrie Brouwer, Joseph aura fait quelque folie.

Il court, suivi de la jeune femme; et tous deux trouvent Craesbeke étendu au milieu de l'appartement, un couteau à la main, la poitrine ouverte et tout couvert de sang. A cette vue, sa femme pousse de grands cris, saisit son mari dans ses bras et l'inonde de ses larmes.

— J'ai cru que tu ne m'aimais plus et j'ai voulu mourir, dit le boulanger d'une voix défaillante.

— Qu'as-tu fait, Joseph? mon Joseph! répète la jeune femme éperdue; moi ne plus t'aimer! ah! je ne te survivrai pas.

Et comme elle cherchait à saisir le couteau avec un gèste sinistre : — C'est inutile, dit Craesbeke en se relevant et en essuyant avec sa manche la plaie qu'il s'était peinte, je vois que tu es une bonne femme et je ne douterai plus de ton amour.

Après ces mots il retourna à ses affaires.

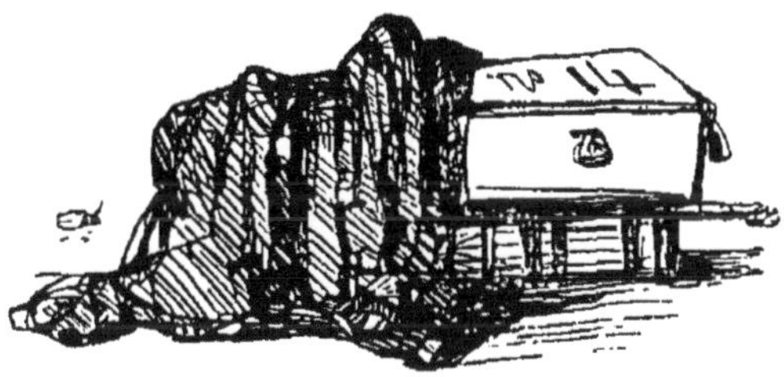

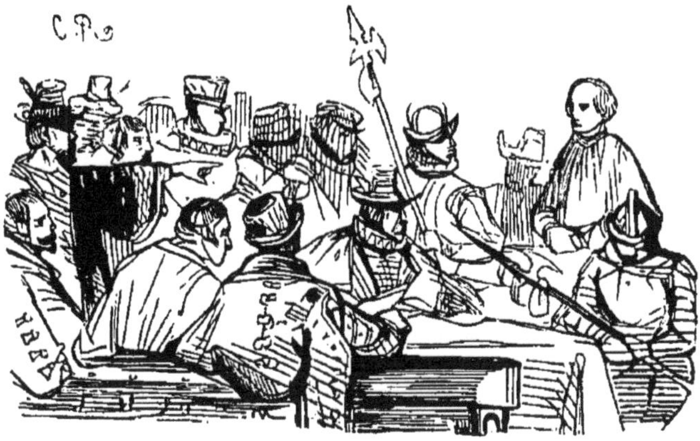

LES ARTISTES CONSPIRATEURS.

— Vous êtes libéral ?
— Non, monsieur.
— Vous êtes royaliste ?
— Non, monsieur.
— Qu'êtes vous donc ?
— Je suis sculpteur.

MOREAU, *les Osages*.

Comment se fait-il que des juges, doués de sens commun (et tous prétendent en avoir), aient admis si souvent, dans les accusations de complots, des artistes, gens qui aiment la liberté assurément, mais qui sont trop en dehors des choses de ce monde pour savoir conspirer ; gens que l'on croit coupables, parcequ'ils expriment tout ce qu'ils sentent, mais qui n'ont jamais fait de révolutions politiques, et qu'il faudrait renvoyer seulement, lorsqu'ils se mêlent mal-à-propos des choses humaines, à leurs pinceaux, à leur poësie, à leur burin, à leur piano.

Et pourtant tous les temps de crise ont pris dans les artistes quelques victimes; 1793 en a fait périr beaucoup en France, bons artistes qui n'étaient pas si dangereux que leurs juges, et qu'on eût pu traiter comme fit ce tyran, dont j'ai oublié le nom, lequel voyant un peintre dans une conjuration le fit sortir des rangs et lui dit: — Pour vous, vous allez faire mon portrait. — Et le peintre fit un tyran superbe.

Au temps des troubles des Pays-Bas, quand les dévastateurs des églises brisaient les statues et brulaient les tableaux, on ne respecta guères plus les artistes; et voici une triste et dure histoire.

On connait de Pierre de Vos deux fils; Martin, qui était l'ainé, naquit à Anvers en 1519; Laurent, le plus jeune, vint au monde trois ans après. Pierre était peintre, il jouissait à Anvers d'une haute considération; il éleva Martin dans son art. Laurent montra plus de goût pour la musique; son père le fit admettre dans la confrérie de Sainte-Cécile.

Martin devint rapidement un grand peintre. Il alla

en Italie, s'arrêta à Venise, se lia avec le Tintoret et travailla avec ce maître. On recherche encore des tableaux où le pinceau de l'Anversois et le pinceau du Vénitien se sont unis pour produire des chefs-d'œuvre.

L'amour du pays ramena Martin dans les Pays-Bas. Sa réputation, grande dans toute l'Italie, le précédait; il fut reçu avec de longs honneurs; et l'académie de peinture d'Anvers l'admit dans son sein par acclamation. C'était en l'année 1559. L'artiste, que ses portraits des Médicis, ses beaux paysages et ses tableaux d'histoire rendaient déjà si illustre, n'avait encore que quarante ans.

Il trouva son frère Laurent livré à la musique, comme lui à la peinture. Les compositeurs alors n'avaient que l'Église. Mais n'est-ce pas la religion qui à inspiré les plus grandes merveilles de l'harmonie? Les arts deviennent ordinairement la passion à peu près exclusive de ceux qui les cultivent en prédestinés. Pour avoir un libre champ d'exercice, Laurent de Vos était entré dans les ordres; il composait des motets, des noëls, et dans ses délassements des chansons. Tout ce qui sortait de cette tête heureuse, en notes graves ou pétillantes, avait un grand retentissement. On a imprimé ces ouvrages; et Lacroix-du-Maine, dans sa bibliothèque, les cite avec éloge.

Les églises d'Anvers étaient fières des deux artistes. Laurent les animait de ses chants; Martin les enrichissait de ses tableaux. Vous pouvez admirer encore, dans la cathédrale d'Anvers, les Noces de Cana, l'Incrédulité de Saint-Thomas et d'autres ouvrages de Martin de Vos; vous pouvez entendre aussi, aux jours des grandes solennités, quelques-uns des motets de Laurent; il n'ont pas péri tous.

Un grand seigneur des Pays-Bas, qui avait su apprécier les deux frères, messire Louis de Berlaymont ayant été nommé archévêque de Cambray, obtint de Martin un beau tableau pour son église métropolitaine. Il obtint plus de Laurent; il l'emmena avec lui, le fit maître de la musique de son église, et le fixa parmi les cambrésiens ravis. Entouré d'enfants de chœur et de chantres, qui lui composaient comme un petit royaume, le bon Laurent de Vos se trouvait aussi heureux qu'il avait jamais souhaité de l'être, — quand les Troubles éclatèrent. Ce fut pour lui, comme pour son frère, le règne de la désolation annoncée dans l'Apocalypse. On ferma les églises; on brisa les chaires et les tabernacles; on mit en pièces les tableaux saints; on interdit les chants pieux; et on fit la guerre aux arts autant qu'à la religion.

Martin se plaignit tout haut; il frappa de ses malédictions les destructeurs ; mais dans Anvers on le protégea longtemps. A la fin cependant ses amis lui conseillèrent de s'absenter. Les républicains réformistes ne se montraient ni tolérants, ni généreux. Parceque Martin se plaignait, on l'accusa de conspirer ; il se retira donc en Allemagne ; et le musée de Vienne doit à son séjour dans cette capitale quelques tableaux de prix.

Mais un peintre peut prendre ses pinceaux et partir, comme un poëte, en répétant le mot de Bias : *Omnia mea mecum porto.* Il n'en est pas ainsi d'un musicien ; on ne met pas son orgue dans sa poche. L'archévêque Louis de Berlaymont s'était éloigné ; on avait engagé Louis de Vos à quitter aussi Cambray ; il n'avait pu s'y résoudre. Son orgue, ses enfants de chœur, ses chantres, tout le retenait.

Il gémissait sur la persécution qui accablait alors les églises ; on lui faisait des crimes de ses plaintes. A la fin de l'année 1579, Louis de Berlaymont se trouvait, avec plusieurs autres prélats, à Mons, où le Catholicisme osait reparaître. Laurent de Vos fit tout haut des vœux pour le prélat qu'il chérissait. Alors un homme dur et sanguinaire, comme il s'en trouve à toutes les époques de désorganisation politique, le baron d'Inchy, d'une vieille famille de seigneurs rébelles du Hainaut, partisan du duc d'Alençon, qui combattait les Réformés en France et les Catholiques en Belgique, le baron d'Inchy s'était rendu maître de Cambray pour les Protestants. Il y règnait en despote, cherchait les complots, en imaginait, et voyait des traîtres partout, jusques dans les artistes, dont la vie pourtant présente peu de trahisons. Quelques mots du bon Laurent, qui ne redemandait que sa musique, lui semblèrent des attentats; l'artiste n'avait pas voulu quitter ses motets; on les lui ôta pour le jeter en prison. Que faisiez-vous parmi ces hommes de troubles, pauvre enfant de Dieu et des Muses?

Toutes les époques semblables produisent les mêmes faits bizarres. Des choses singulières, que l'on croit n'avoir eu lieu qu'en France, en 1793, ne furent pourtant que des répétitions et des souvenirs. Le baron d'Inchy, en 1579, avait établi à Cambray un tribunal révolutionnaire, qui jugeait d'urgence, comme les fameux tribunaux de la Terreur. C'étaient les citoyens Leleu, Dubois, Lehale, Joseph, etc. qui composaient cet aréopage. On leur amena Laurent de Vos comme traître; ils devaient décider de lui séante tenante.

C'était un prêtre de cinquante-sept ans, aux cheveux blancs, à la figure douce. Son regard annonçait une âme absorbée bien loin des choses de la terre. Tous ses enfants de chœurs. tous ses chantres l'avaient suivi à l'audience. Les femmes et les vieillards pleuraient; les enfants et les jeunes filles pleuraient aussi. — Quel mal a-t-il donc fait? demandait-on. — Il a fait de la musique, répondaient quelques voix timides. Car alors aussi il était commun de voir une ville entière trembler devant quelques hommes, qui n'avaient fait que retrousser les manches de leurs chemises et prendre l'air menaçant. La masse humaine est peureuse.

Un des agents du baron d'Inchy, un boucher, fit alors ce jeu de mots effroyable: — Il veut qu'on chante; mais il déchantera.

Les juges étaient assis. L'un d'eux prononça verbalement l'acte d'accusation, qui présentait Laurent de Vos comme conspirant avec Louis de Berlaymont. L'enfant d'Anvers, croyant qu'il pouvait se défendre, demanda sur quelles preuves on l'accusait?

— Tu n'as pas la parole, s'écria le juge Dubois.

Et les collègues de ce juge, comparant la consternation du peuple avec la figure calme de l'accusé, se consultèrent. Ils n'oubliaient pas qu'ils avaient ordre de condamner.

— Si cette homme parle, dit Leleu, je vois la chose; on se révolte.

— Et si on se révolte, ajouta le juge Joseph, adieu nos places.

Le président n'en demanda pas plus long; il rentra en séance: — Faites sortir l'accusé, dit-il alors.

Ainsi, ce qu'on crut une innovation, lors du jugement de Danton, à Paris, en 1794, avait eu lieu à la condamnation de Laurent de Vos. On le jugea, sans qu'il fût présent; on prononça son arrêt, sans qu'il eût pu dire un mot pour sa justification. Après quoi on envoya un des bourreaux, qui vint lui annoncer qu'il serait le lendemain étranglé et pendu par son cou, sur le grand marché de Cambray.

Dans le procès de Danton, qui du moins avait fait *de la politique*, on manœuvra absolument de la sorte. Vous voyez qu'il n'y a rien de neuf parmi les affaires de ce monde.

Le 30 Janvier de l'an 1580, un gibet se dressait, au milieu d'un concours immense, sur la place du grand marché de Cambray. Une troupe nombreuse d'enfants de chœur et de chantres entourait en pleurant l'instrument de supplice. A onze heures du matin, on amena Laurent de Vos, condamné de la veille. Il mit le pied sur l'échelle; un silence complet règnait

8.

8.

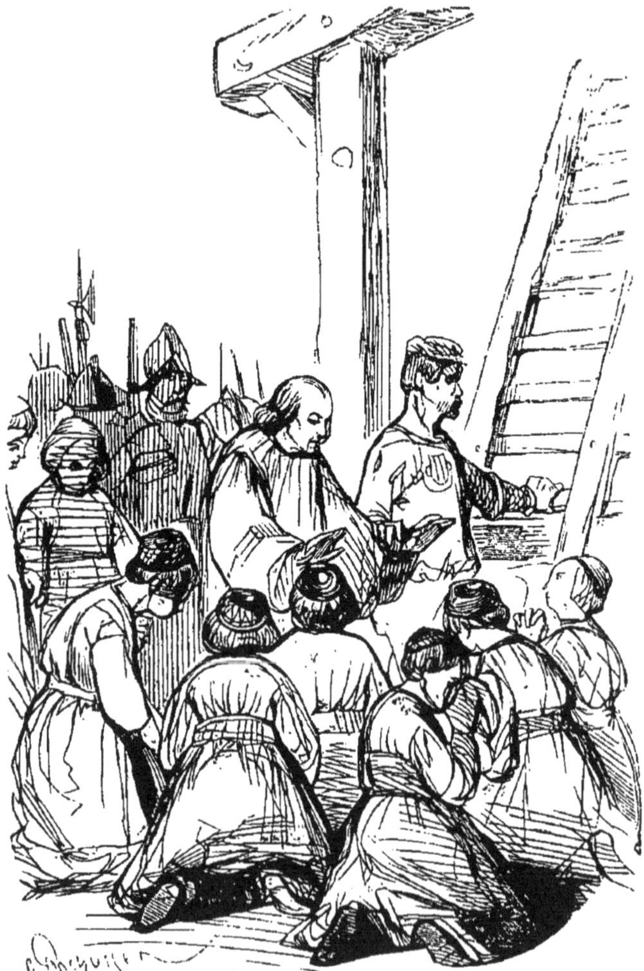

à l'entour. En ce moment, les chantres entonnèrent le motet de la résurrection, composé par Laurent, et son plus cher ouvrage. Le patient s'arrêta quelques secondes. Sa figure pâle se colora; ses yeux s'animèrent; il monta l'échelle fatale, aidé par le bourreau.

A l'instant où l'on allait lui lier le cou de la corde mortelle, il se tourna vers les assistants, fit le signe de la croix et ouvrit la bouche. Sans doute il voulait prier, ou peut-être unir pour la dernière fois sa voix tremblante aux voix mélodieuses qui chantaient au dessous de lui. On crut qu'il allait parler au peuple et protester de son innocence. Quelques paroles en effet eussent alors suffi pour secouer la foule, qui d'un souffle eût brisé le gibet et ravi à la mort sa victime. Mais les soldats du baron d'Inchy étaient là avec leurs tambours; et encore absolument comme fit Santerre au supplice de Louis XVI, on ordonna un roulement qui étouffa la voix du vieux prêtre.

Sur un signe qui fut fait, Laurent de Vos, étranglé par le bourreau, fut lancé dans l'éternité.

Longtemps après, — le 16 octobre de l'année 1595, — Louis de Berlaymont, rentrant solennellement dans son siège archiépiscopal, avait à ses côtés un vieillard vénérable; c'était Martin de Vos. Il avait longuement pleuré son bon frère. Avant de mourir, il voulait du moins lui rendre les derniers honneurs ; il recueillit ses restes dans un riche cercueil et les fit inhumer dans l'église des Cordeliers de Cambray. Après quoi il éleva, dans son petit jardin d'Anvers, un mausolée expiatoire ; c'était une pierre qui portait en relief les traits de Laurent et les siens, avec cette inscription :

« Il était musicien et moi peintre ; et l'on prétendit « que nous avions conspiré. »

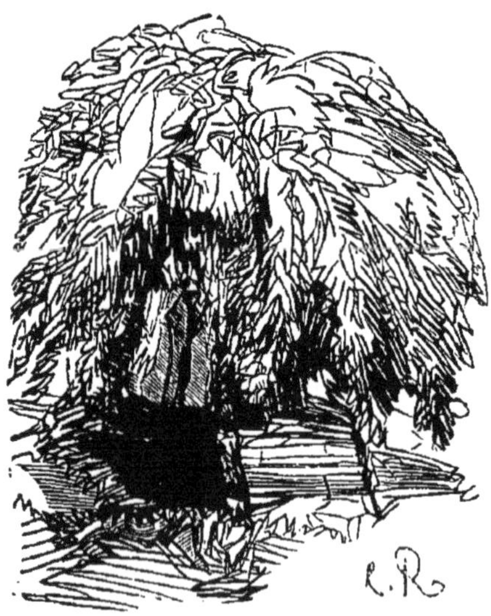

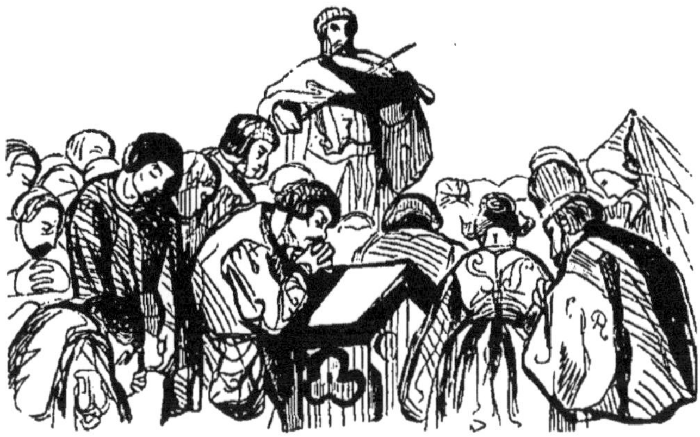

LE JOUEUR DE VIOLON.

Vous voulez de la musique,
Arrivez donc; en voilà!
Le joueur de vielle, dans la parodie d'Amphion.

Nous vous donnerons un peu plus loin la légende du ménétrier d'Echternach, qu'il vous sera permis de juger, comme fait historique ou comme tradition populaire, et d'estimer selon vos dispositions. Nous oserons en attendant vous soumettre un récit non moins merveilleux, et dont nous ne sommes que simple narrateur.

L'illustre Jean, baron de Ligne et de Belœil, seigneur de Roubaix, grand-prévot de Saint-Lambert de

Liège, ayant fait bâtir en la ville d'Ath la belle église des Récollets, et voulant attirer les fidèles aux saints offices qui s'y célèbraient avec pompe, fit venir, de Bruxelles et d'Enghien, de bons joueurs d'instruments musicaux qui, pendant la sainte-messe, donnaient en vérité un avant-goût des joies du Paradis.

Tous les bons personnages de la dite ville accouraient donc aux Récollets; ce qui fit que les autres églises devinrent moins fréquentées, notamment celle de Saint-Julien, patron d'Ath; de quoi les anciens disaient que c'était légèreté et inconvenance.

Or un jour patronal, le vingt-huitième d'Aout de l'année 1470, une grande foule de peuple voulant fêter Saint-Julien, se rendit à la messe que les deux cloches annonçaient en son église. Et comme les paroissiens, un peu pressés, chantaient pieusement et toutefois pensaient encore, en entendant l'orgue peu harmonieux de Saint-Julien, à la bonne et suave musique des Récollets, tout incontinent ils virent s'avancer en l'église un homme étranger, dont la figure surprenante faisait que tout le monde s'écartait pour lui donner place.

Il était grand et bien fait, mais vêtu à l'antique; et sa figure semblait, par sa couleur uniforme et livide, un vieux morceau de hêtre sculpté. Ses mains étaient de même teinte, ses habits très-fanés, son chapeau pesant de poussière.

Il marchait roide et inarticulé, lourd et sec, et flexible comme une statue qui se fût mise en mouvement. Ses yeux étaient immobiles et sa tête semblait clouée à ses épaules.

Il tenait, de la main gauche étendue, un vieux et long violon, de triste apparence, qui était fortement appuyé contre sa gorge, entre l'oreille gauche et le menton ; ce violon, en mauvais état, n'avait plus que les deux cordes du milieu qui sont, comme on sait, les moins favorables. Sa main droite tenait un archet dont tous les crins avaient disparu.

Les fidèles eussent ri de cet accoutrement, s'ils n'eussent été retenus par la figure grave et ancienne de l'étranger, qui leur inspirait plus de peur que de gaîté. Une circonstance les frappait encore; c'est qu'au plein milieu de l'église il gardait son chapeau, comme fait un gentilhomme campagnard, quand il sait qu'il est chez lui.

Le personnage s'arrêta au milieu de l'église; — et aussitôt il se mit à jouer du violon.

Alors toutes les sensations d'étonnement, de curiosité, de goguenardise et de stupeur, qui avaient jusques-là circulé dans la foule, firent place unanimement au plaisir immense que fait éprouver la bonne musique à des amateurs passionnés, comme étaient alors les bourgeois d'Ath. Jamais leurs oreilles n'avaient été à pareille fête. Avec son mauvais violon, ses deux cordes et son bois d'archet, l'étranger ou le fantôme exécuta des choses prodigieuses. Tantôt il enlevait ses auditeurs ; il les promenait dans les cieux, les agitait, les troublait; puis il tirait des larmes de tous les yeux. Puis il semblait qu'il jouât la vie du juste, avec ses traverses, sa constance, son espoir et sa fin bienheureuse. Puis il chantait, sur un rythme sauvage, la vie audacieuse du pécheur, avec ses peines secrètes, son découragement intérieur, ses effrois et sa chûte. Il finit par des sons formidables, où l'on crut entendre les trompettes déchirantes du jugement dernier. Toute la foule en pleurs tomba à genoux, toutes les têtes s'inclinèrent vers la terre ; — et alors l'étranger se retira.

Cette musique avait été tellement surhumaine, que, dit-on, les sourds mêmes l'avaient entendue.

L'organiste qui, pendant un tel concert, était resté muet et en extâse, descendit à la hâte et se mit à la suite du merveilleux joueur de violon. Il le vit entrer dans la sacristie et s'arrêter au fond d'une petite chambre obscure. Il appela les fidèles, qui tous reconnurent, dans le ménétrier qu'ils venaient d'en-

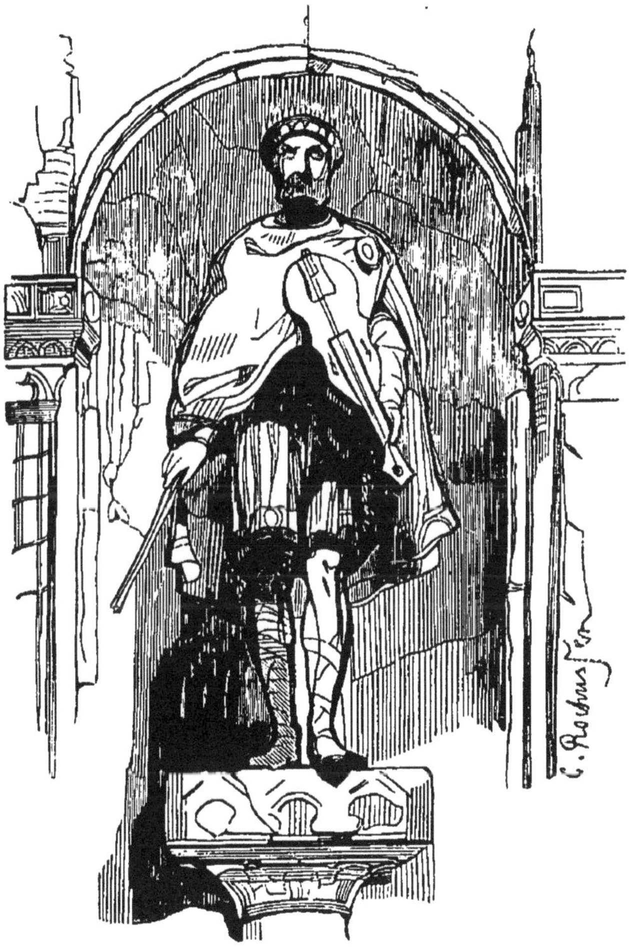

tendre, une vieille statue en bois peint de leur bon Saint-Julien l'Hospitalier, patron des aubergistes, qui font noces et festins, patron aussi des ménétriers. Depuis un siècle, on négligeait dans un coin cette pieuse representation du saint, dans celle de ses fonctions qui sans doute ne lui est pas la moins chère. On comprit sa volonté. Les bourgeois d'Ath, qui se sont mis sous son bienveillant patronage, le replacèrent avec honneur dans l'église; et depuis, si le Saint ne joua plus, toujours est-il que son orgue, ses musiciens et ses chantres devinrent dès lors si excellents, qu'ils effacèrent la renommée de leurs voisins et ramenèrent la foule à ses fêtes.

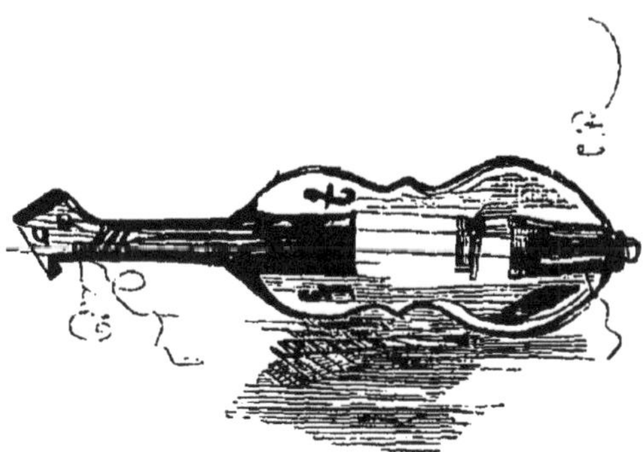

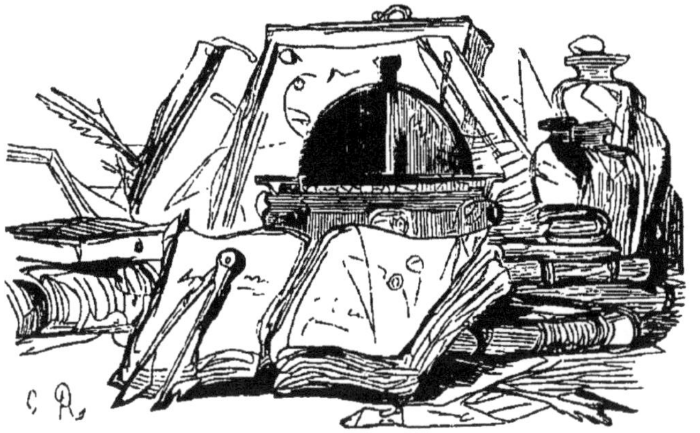

MATHIEU LAENSBERGH.

> Voilà donc le sublime siège
> Où, flanqué de trente-deux vents,
> L'auteur de l'Almanach de Liège
> Lorgne l'histoire du beau temps,
> Et fabrique avec privilège
> Ses astronomiques romans.
>
> GRESSET.

Toutes les cloches de Saint-Lambert de Liège avaient sonné à grandes volées la messe de la Fête-Dieu de l'année 1628 ; le Prince-Évêque, réconcilié avec ses ses turbulents sujets, officiait ce jour-là. Il le fit avec tant de splendeur que jamais, de l'avis des assistants, depuis seize années que règnait son altesse monseigneur

Ferdinand de Bavière, il n'avait déployé plus de pompe. Les soixante chanoines de Saint-Lambert l'assistaient dans tout l'éclat de leur dignité; l'évêque d'Osnabruck et d'autres prélats remplissaient les fonctions de diacres et de sous-diacres. Le Prince-Évêque était revêtu d'une magnifique chasuble du plus haut prix, où l'on voyait par devant la Vierge Marie brodée en or, tenant dans ses bras l'Enfant Jésus tout en perles fines; et de l'autre côté un crucifix éclatant, la croix brodée en argent pur, le Seigneur en perles orientales, dont les nuances faisaient les ombres; les clous des pieds et des mains en gros diamants.

Cet ornement splendide n'était porté que par l'Évêque, dans les plus hautes solennités. C'était un présent du pape Grégoire X, qui, avant de parvenir au souverain pontificat, avait été archidiacre de Saint-Lambert de Liége, et n'avait pas oublié sous la tiare ses chers liégeois.

Parmi les personnages importants qui, à la messe de la Fête-Dieu de l'année 1628, remplissaient l'église cathédrale, on remarquait deux jeunes hommes qui paraissaient tous deux avoir trente ans. L'un, au régard poétique, aux traits doux et fins, était le jeune peintre Gérard Douffet, élève de Rubens et récemment arrivé de Rome; l'autre était un gentilhomme, à la figure ouverte et franche; il se nommait Guillaume Beeckman, seigneur de Vieux-Sart.

Beeckman avait promis à Douffet, dont il était l'ami, de lui faire voir, à la procession, Catherine d'Ardespine, sa fiancée, qu'il devait épouser sous peu de jours. Et en effet, lorsque devant le portique de Saint-Lambert les bannières de Saint-Barthélemi furent venues, comme toutes les autres paroisses, se joindre au clergé de l'église cathédrale, Beeckman, d'un léger coup-d'œil, montra au jeune artiste une belle et modeste vierge, qui le fit tressaillir. C'était Catherine.

Douffet l'admira longuement; et il se fût apperçu que lui-même il en devenait épris, si la pensée qui lui revint qu'elle était la fiancée de son ami ne la lui eût présentée aussitôt comme un être sacré pour lui.

Les deux amis suivirent la procession; ils assistèrent pieusement aux pompes de la sainte messe; et après que l'Évêque eut donné la bénédiction au peuple, ils sortirent de la foule. Beeckman était rayonnant de bonheur; Gérard, préoccupé. Dans leur entretien, on eût pu remarquer que le premier, à la manière dont il exposait ses sentiments, était heureux de son amour, parceque cet amour servait ses intérêts; le second semblait chercher à rétablir la sérénité de son âme, qu'un nuage enveloppait.

— N'est-ce pas, disait Beeckman, que c'est une charmante jeune fille?

— Toute ravissante, assurément; et vous l'aimez?

— Elle m'aime beaucoup.

— Qu'elle est sa famille?

— Très-honorable. Mais elle n'a plus qu'un oncle, qui l'a élevée, un vieux chanoine de Saint-Barthélemi.

— A-t-elle de la fortune?

— Peu. Mais la fortune acquise n'est rien; l'important, mon cher Gérard, c'est la fortune à faire; voilà ce qui m'attache à Catherine. Son oncle, ce bon chanoine qui, au moyen de l'astrologie et des horoscopes, a le don de prévoir les choses futures.... Mais vous l'avez vu à la procession. C'était ce beau vieillard aux cheveux gris ondoyants, à la figure rose et joyeuse, autour duquel la foule se pressait avec tant de respect et d'affection.... Eh bien! il a prévu de grandes choses pour l'époux de sa nièce. Et qui sait? Jusqu'ici tous ses pronostics se sont confirmés. Aussi le peuple le révère.

— Mais entre nous, qu'a-t-il prédit?

— Je puis vous le dire en secret, mon brave Gérard. Il a lu, dans le ciel sans doute, que sa nièce Catherine épouserait un homme qui croîtrait en dignités; et qu'elle serait heureuse, lorsque ses concitoyens auraient élevé son mari au dessus d'eux tous.

Gérard Douffet, devant ce mystérieux oracle de l'astrologie, tomba dans une sorte de méditation. Beeckman l'en tira bien vite.

— Si vous voulez faire un peu de toilette, dit-il, car vous êtes couvert de poussière, je vous présenterai tout-à-l'heure à ma fiancée et à son oncle.

— De tout mon cœur, dit Gérard.

— Êtes-vous des Chiroux ou des Grignoux?....

L'artiste fit répéter ces mots, qui étaient nouveaux pour lui; et il faut savoir, pour comprendre cette question, que les Liégeois alors, comme presque toujours, était divisés en deux factions. Les petits-maîtres, qui tenaient pour le parti de l'Évêque, avaient rapporté de Paris le pourpoint serré de la cour de Louis XIII, le feûtre à larges bords orné d'une longue plume, la vaste culotte bouffante qui tombait, panachée de nombreux rubans, sur le haut du mollet, et laissait voir le bas de la jambe chaussée de blanc. On les nommait Chiroux, parcequ'on trouvait qu'ils ressemblaient un peu à des hirondelles à queue blanche, qui portent ce nom à Liége. Les autres, qui faisaient de l'opposition à l'Évêque et tenaient aux anciens costumes du pays, étaient appelés Grignoux, d'un mot wallon qui signifie grichus, mécontents, grognards ou grondeurs. Ils étaient les plus nombreux, et Beeckman était de leur parti.

Gérard Douffet, à l'interpellation plus clairement répétée de son ami, répondit :

— Moi, je suis peintre.

— C'est parfait, dit Beeckman ; mettez alors votre costume romain ; vous ne déplairez à personne. Et en avant!

Les deux amis passèrent par la rue d'Amay où demeurait Gérard, qui s'habilla à la hâte ; et ils se rendirent à la rue de la Syrène, où se trouvait la maison du bon chanoine de Saint-Barthélemi et de sa jolie nièce.

Ce fut Catherine qui vint ouvrir. Elle accueillit avec une naïve aisance Beeckman et son ami.

— Je vous présente, dit Beeckman, un élève du grand Rubens, un Romain, ou du moins un Liégeois qui vient de Rome, qui excelle dans le portrait, et qui fera le vôtre, ma chère Catherine.

La jeune fille rougit ; et Gérard sentit encore qu'il se troublait.

— Pourrons-nous voir votre excellent oncle? reprit Beeckman ; je veux lui faire connaître mon peintre.

— Il est un peu fatigué, dit Catherine ; il a passé

une partie de la nuit dans le clocher de Saint-Barthélemi. Mais vous savez qu'il aime toujours à vous recevoir ; il est là avec un de ses amis.

En achevant ce mot, la jeune fille ouvrit une petite porte qui donnait dans un cabinet assez vaste, mais obstrué de globes, de sphères, de télescopes, de compas, de manuscrits et de livres, d'instruments d'astrologie et de mathématiques. Gérard, en entrant, salua un homme d'environ soixante ans, dont les cheveux étaient gris, le regard plein d'esprit et de bonté.

— Eh bien! mon père, dit Beeckman, où en sont les Centuries?

— Elles avancent, mon enfant, dit le vieillard. Vous y trouverez des choses curieuses sur les mœurs et les usages des différents peuples.

Mais Gérard ne reconnaissait pas le chanoine de la procession; et en effet celui qui venait de parler était le vénérable Ernest Surlet de Chokier, chanoine et grand-vicaire de Saint-Lambert, savant qui à la fois composait des ouvrages utiles et faisait bâtir des hôpitaux dans Liége, sa ville natale, qui n'a pas oublié sa mémoire. Un autre personnage, plus vieux, plus gros et plus réjoui, sortit alors d'une embrâsure de fenêtre où des piles d'in-folio l'avaient caché un instant, et vint à la voix de Beeckman, tenant à la main un cahier griffonné de signes hiéroglyphiques. Celui-là était l'oncle de Catherine, le bon chanoine Mathieu Laensbergh, mathématicien et astrologue, quoique professeur de philosophie.

— Salut à mon brave Guillaume, dit Mathieu, en prenant la main de Beeckman; tu nous amènes un artiste, un grand peintre. Il sera de nos amis.

— Quand je vous disais qu'il est sorcier, s'écria joyeusement Beeckman, tourné vers Gérard! De la bonne sorcellerie, pourtant, ajouta-t-il, et sans commerce avec le Diable. Mais vous voyez, Douffet, qu'il vous devine.

Le peintre salua, un peu surpris.

— Et publierez-vous bientôt votre almanach? reprit Beeckman.

— Pas encore, dit l'astrologue. J'aime à vivre en paix; et les médecins se révoltent déjà, parceque j'empiète, disent-ils, sur le droit qu'ils ont exclusivement de traiter les gens, — qu'ils traitent si bien!

En même temps le chanoine de Saint-Barthelemi montrait un calendrier, où il avait marqué les travaux champêtres et les conseils de l'hygiène par des emblêmes. Ainsi une petite paire de ciseaux dénotait le jour où il faisait bon se couper les cheveux, un robinet le jour où l'on pouvait se baigner, une petite main

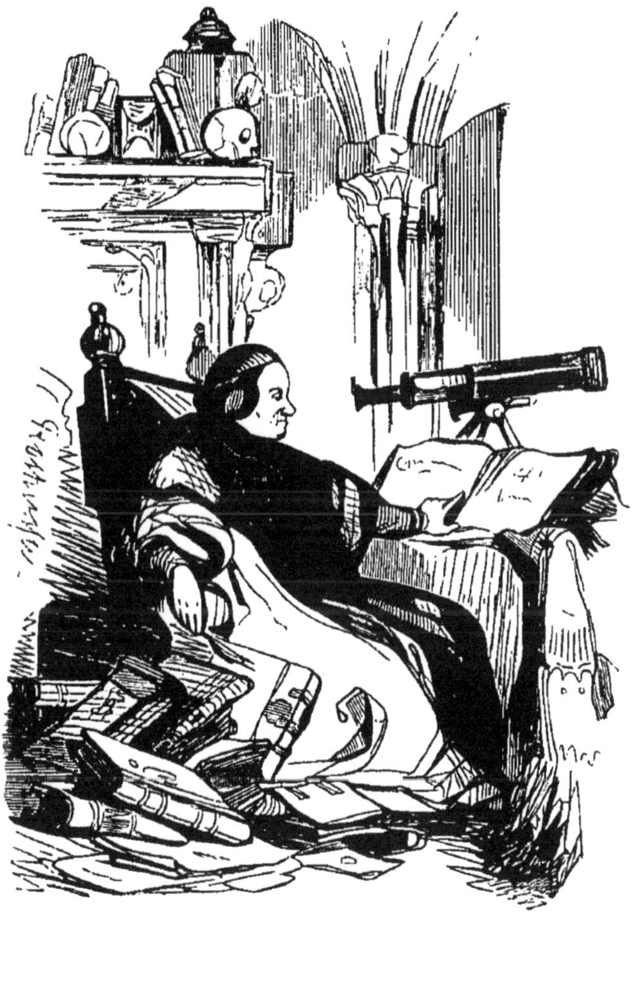

le jour où l'on devait se couper les ongles, une fiole le jour de médecine, une lancette le jour favorable à la saignée.

On causa ensuite de sciences et d'horoscopes. L'astrologue engagea les deux amis à remettre une partie de campagne, qu'ils projetaient pour le lendemain, en leur annonçant un orage (qui eut lieu). Gérard était aussi étonné de l'oncle que charmé de la nièce.

Deux jours avant le mariage de Guillaume Beeckman avec Catherine, soit que la vue de Gérard Douffet eût produit aussi quelque effet sur le cœur de la jeune fille, soit qu'elle commençât à douter du sentiment qu'elle avait pour Guillaume, Catherine, se trouvant seule avec son oncle, lui demanda s'il ne consentirait pas, avant qu'elle s'engageât par le nœud éternel, à lui faire l'horoscope de son fiancé?

— Non, ma fille, dit Mathieu Laensbergh. La vie est déjà assez pleine d'inquiétudes. Je ne veux là-dessus ni en avoir, ni t'en donner. Il arrivera ce qu'il plaira à Dieu. Qu'il nous suffise de savoir que Guillaume est un brave garçon, ambitieux peut-être plus qu'il ne faudrait; mais ton sort est d'avoir, comme tu sais, un mari élevé en honneurs.

Guillaume Beeckman et Catherine d'Ardespine furent donc unis; et Gérard Douffet, qui se rendait bien compte enfin de l'état de son cœur, leur annonça, en assistant à leur noce, qu'il partait le lendemain pour un petit voyage. Il sentait qu'il devait étouffer à sa naissance une passion qu'il ne lui était plus permis de nourrir; et le lendemain en effet, il prit la route de l'Allemagne, dont il voulait étudier les artistes.

Quelque temps après, Ferdinand de Bavière gouvernant sa principauté avec assez peu de bonheur, il vint de nouveaux troubles à Liége. Le prétexte en était l'établissement d'un nouvel impôt sur la viande. Les bouchers avaient déclaré que, si on tentait de lever cet impôt, ils résisteraient, et que comme sous Adolphe de Waldeck, ils étaleraient et vendraient leur viande, le sabre à la main. Dans ces circonstances, les métiers et les bourgeois nommèrent bourgmestre Guillaume Beeckman, qui vit ainsi commencer l'horoscope.

Le Prince-Évêque voulut casser cette élection, faite par les mécontents; il n'en put venir à bout et ne fit qu'accroître le tumulte.

Mais un matin on trouva, au milieu du chœur de Saint-Lambert, un paquet cacheté. On alla l'ouvrir à la porte de l'église, le bourgmestre étant présent. C'était une sentence d'excommunication lancée par l'Évêque, qui mettait la ville en interdit. Un grignoux saisit aussitôt cette pièce, et montant sur une borne :

— Liège, s'écria-t-il, est la fille de l'Église Romaine, comme dit la légende du grand sceau de notre ville, *Legia Ecclesiæ Romanæ unica filia*. Le pape seul a le droit de nous excommunier.

— C'est vrai, dit un houilleur ; à bas Ferdinand de Bavière !

La foule se jeta sur la sentence de l'Évêque et la mit en pièces.

— A bas le Prince-Évêque !

— Soutenons nos priviléges et franchises !

— Vivent les bourgmestres !

— A bas les Chiroux !

— Vive Guillaume Beeckman !

— Au perron ! il faut nommer un mambour !

Tels étaient les cris de la multitude.

Le perron, au milieu de la grande place, était le forum du peuple liégeois. Lorsqu'il n'avait pas d'évêque ou qu'il déposait son prince, il nommait un mambour, qui était un administrateur pour le temporel, pendant l'interrègne. Beeckman frémit de joie.

— Une fois mambour, disait-il, j'aurai droit de mener les Liégeois à la guerre. Je serai dictateur en quelque sorte. L'horoscope va son chemin ; et sait-on si je ne serai pas prince ?

Mais en arrivant au perron, la foule y aperçut deux vieillards, dont l'aspect imposa le calme. C'était le bon chanoine Surlet de Chokier, avec Mathieu Laensbergh. Le premier apportait une lettre du Prince-Évêque, qui reconnaissait les élections faites par le peuple, renonçait aux nouveaux impôts et accordait toutes les concessions qu'on demandait. Aussitôt le peuple rentra dans le devoir; et chacun retourna chez soi.

Mathieu Laensbergh prit la main de Beeckman, qui semblait un peu désappointé.

— Vous vous attendiez, mon fils, lui dit-il, à un accroissement de dignité. C'est sur cette place en effet qu'il doit avoir lieu. Mais le jour n'en est pas encore venu. Je désire aussi vivement que vous qu'il ne se fasse pas attendre.

Beeckman parut légèrement interdit; car le vieillard soupirait en se retirant. Et en effet le bourgmestre, tout en proie à ses idées d'ambition, était loin de rendre sa femme heureuse. Il s'en occupait à peine, la rudoyait même; et la pauvre Catherine pleurait en silence. Mais son oncle voyait clair. Le digne astrologue croyait lui-même de très-bonne foi à ses prédictions. Il souhaitait donc véritablement, tout autant que Beeckman, de le voir en position de faire le bonheur de sa nièce, puisque l'horoscope disait qu'elle serait heureuse, quand son mari serait élevé au dessus de ses concitoyens.

Mais un accident vint déranger les magnifiques calculs de l'ambitieux bourgmestre. A la suite d'un festin, Guillâume Beeckman mourut subitement, le 29 janvier de l'année 1630, empoisonné, dit-on, par ses ennemis, ou plutôt frappé d'un coup d'apoplexie.

Cette mort imprévue désenchanta un instant Mathieu Laensbergh de l'astrologie. Catherine pleura son mari, — quoiqu'elle perdît peu de tendresse. Gérard Douffet qui, pour éviter de voir une femme qu'il ne lui était plus permis d'aimer, était allé s'établir à Dusseldorf, où il achevait son beau tableau de l'invention ou découverte de la sainte Croix par l'impératrice Hélène, où il commençait, songeant peut-être malgré lui à la nièce de Mathieu Laensbergh, sa grande composition du martyre de Sainte-Catherine, Gérard n'eut pas plutôt appris la mort de Beeckman, qu'il revint à Liège.

Vous devinerez facilement la suite. Catherine l'aimait aussi. Après l'année de deuil, elle épousa Gérard Douffet, qui lui fit connaître les jours heureux.

Cependant les bourgeois de Liège, dont Guillaume Beeckman avait été la créature, lui firent élever devant le perron une statue sur un haut piédestal ; et un soir que Mathieu Laensbergh contemplait sa nièce, devenue mère et berçant tendrement son petit enfant sur ses genoux, au murmure d'une naïve ballade, qu'elle avait faite elle-même : — Voilà Beeckman élevé au dessus de ses concitoyens, dit l'astrologue ; que pensez-vous, Catherine, de mon horoscope ?

La jeune femme ne répondit qu'en embrassant son oncle et son mari.

Mais le peuple proclama Mathieu Laensbergh un homme admirable ; et son almanach, qui paraît glorieusement chaque année, depuis 1636, ne cesse tous les ans de nous inonder de bonnes prédictions, qu'il faut seulement savoir comprendre.

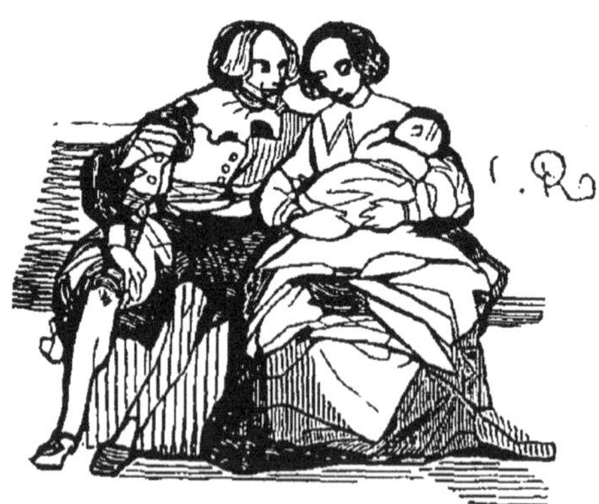

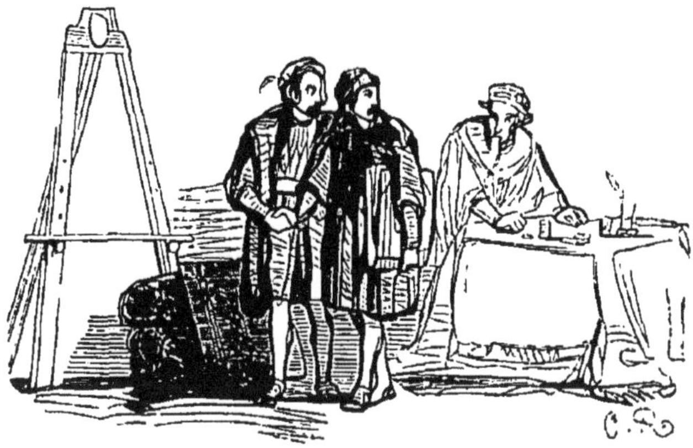

LES PENSIONNAIRES DE PALERMO.

> Qu'est-ce que le savoir, sans le savoir-faire ?
> — Et qu'est-ce que l'art sans l'adresse ?
>
> BEAUMARCHAIS.

On a dit que le génie était souvent un présent funeste ; et il est bien vrai que les hommes de tête et de cœur, qui se consacrent à l'affranchissement, au bonheur, à l'émancipation intellectuelle, à la gloire, au bien-être, aux nobles jouissances de leurs semblables, en sont très-diversement récompensés. Amusez, divertissez, captivez les sens, flattez la matière; vous triompherez. Mais qu'il vous faudra de courage, si vous visez à polir l'esprit et à relever le cœur! Dans le monde comme il est fait, un escamoteur est plus heureux qu'un sage; un montreur de marionnettes est plus riche qu'un savant; un baladin, plus prospère qu'un artiste. Que de grands hommes ont souffert pour nous, martyrs de notre éducation! Le Tasse, Camoëns, Zurbaran, Cervantès, poëtes ou peintres dont le dernier gîte fut un lit d'hôpital.

Le sort aujourd'hui paraît moins cruel aux artistes. Mais combien de peintres, de sculpteurs, de savants, d'écrivains utiles, végètent dans la misère, soutenus à peine par l'espoir d'une gloire posthume, pendant que les seuls talents d'éclat et d'adresse moissonnent les champs dorés de la fortune; pendant que la Taglioni recueille vingt mille francs pour une demi-heure d'entrechats, que Paganini ramasse deux cent mille francs par mois avec quelques coups d'archet, que des chanteuses stupides ou des danseuses idiotes plient sous le poids des couronnes! Oh! si vous voulez respirer la vie, artistes, écrivains, brisez vos pinceaux et vos plumes; jouez de la vielle; faites des flics-flacs; et le public animal vous paiera cher.

Une triste anecdote nous inspire ces réflexions moroses ; et veuille le ciel que notre temps ne produise rien de tel ! Qui sait cependant? Il y a peut-être dans quelque coin, près d'ici, des hommes qui souffrent et qui sont artistes. Que Dieu les protège, et qu'il frappe pour eux au cœur de ceux qui ont la fortune.

Si j'étais homme de génie, je me consolerais un peu, en disant aux riches : — Je puis devenir ce que vous êtes ; mais vous ne deviendrez pas ce que je suis. Ce serait de l'orgueil, il est vrai. Toutefois ils l'ont cette pensée, les artistes ; c'est elle qui les soutient de toute sa vigueur. Que Dieu, de qui ils tiennent leur force, les regarde dans sa bonté !

Il y avait à Anvers, en 1550, un juif qui se nommait Palermo. Cet homme trafiquait. Mais il ne trafiquait pas seulement des choses matérielles, des produits de la nature, des bijoux et de l'or et des enfantements de l'industrie ; cet homme était plus habile. Il vendait le génie ; il trafiquait de l'art ; il exploitait l'artiste. Comme tous ses semblables, il avait cet instinct, aussi sûr que le goût, qui mène toujours au gain et qui ne se trompe jamais. Dans une ville où l'on cultivait la peinture, où le commerce avait amené l'opulence, où les banquiers avaient assez de cœur pour aimer les arts, il se fit marchand de tableaux. Il allait dans les académies et dans les lieux d'étude; là il trouvait de jeunes hommes pauvres et ardents, fous de la folie qui rêve la gloire; il les saisissait.

— Vous êtes sans fortune, leur disait-il; venez chez moi; — je vous mettrai hors de souci; — vous travaillerez joyeusement; — j'aime les jeunes artistes; — vous serez logés et vêtus; — vous me paierez par quelques coups de pinceau; — et quand vous deviendrez célèbres, — car vous le deviendrez, — vous me devrez un peu de reconnaissance; — ce sera très-agréable pour moi.

Palermo avait l'air si bon homme! Ils allaient, pauvres artistes, s'engager chez lui. Car il se hâtait de les engager avec adresse. — Comment donc! disait-il, vous n'êtes pas plus nippés? Je me charge de vous fournir. Des jeunes gens de mérite doivent être mis de façon convenable. Si vous manquez d'argent, je vous ferai crédit; vous vous acquitterez peu-à-peu; il me plaît de vous avoir pour débiteurs; j'ai en vous confiance entière. Pour l'honneur, un artiste est un gentilhomme.

Et comme il savait bien sur qui il plaçait son argent, il commençait par vêtir ses pensionnaires et se constituait ainsi leur créancier de sommes enflées; ce qui les empêchait de sortir de ses mains. A la manière dont il calculait ses fournitures, leurs travaux, comme il les évaluait, ne suffisaient jamais à couvrir ce qu'il appelait ses déboursés. Personne ne paie plus cher qu'un jeune artiste à qui on fait crédit. C'est ainsi que Palermo emprisonna dans sa maison Jacques de Backer, Gilles Coignet et Joachim Beukelaer.

Jacques, l'un des meilleurs coloristes parmi les peintres anversois, Jacques, dont on admirera toujours les belles draperies, faisait des sujets sacrés où l'on vantait le bon goût et les heureuses dispositions. Palermo les vendait au loin, à des prix énormes; puis il se plaignait tous les jours de ne pouvoir s'en défaire. Il ne laissait pas au jeune homme un jour, une heure de liberté; et Jacques redoublait d'activité et de zèle, travaillant et s'épuisant pour acquérir le talent dont il se croyait dépourvu.

Jacques de Backer était un enfant d'Anvers. Mais son père était allé mourir en France; il n'avait jamais connu sa mère; et aucun parent ne l'avait réclamé.

Joachim peignait de ravissants intérieurs et usait sa vie pour un homme qui, avec une feinte compassion, lui faisait entendre qu'il ne gagnait pas son pain. Gilles Coignet, enfant d'Anvers aussi, et comme ses deux amis âgé de vingt ans, mais plus sûr de lui-même, ne soupirait qu'après la liberté, lorsqu'il reçut la visite de son premier maître, l'heureux Jacques Stella, peintre de Malines, qui est resté obscur, mais qui fut la tige d'une famille illustre de peintres. Stella avait le bonheur de posséder quelque fortune; et il allait marier son fils. Dans les douces dispositions où il se trouvait, dès qu'il eut entendu Gilles lui conter ses peines, il paya les cent vingt florins qu'il devait au juif, et l'emmena avec lui.

Gilles eût été heureux, si en quittant la maison de Palermo il n'eût pas remarqué un regard de cet homme, un de ces regards qui maudissent, jeté sur Stella.

— Je suis sûr qu'il nous a maléficiés; il nous arrivera mal, disait-il; ce juif est un démon; il a le mauvais œil; et jamais rien d'heureux n'est venu à ceux qu'il a dominés.

Stella ne fit que rire d'une idée qui lui sembla superstitieuse et folle; et bientôt à Malines, dans les plaisirs d'une noce joyeuse, Gilles Coignet oublia ses frayeurs.

Aussitôt après le mariage de son fils, Stella partit

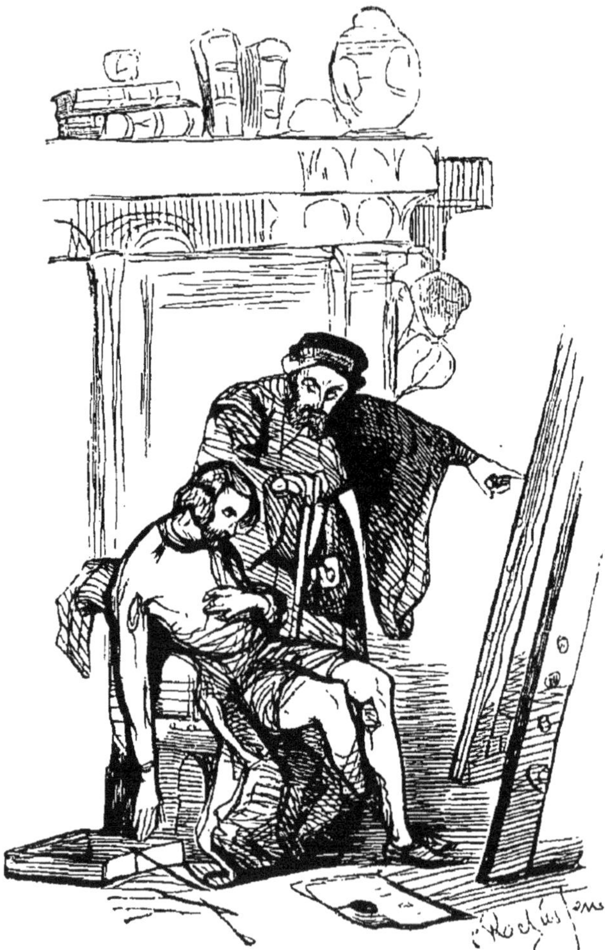

pour visiter Rome, voyage qu'il se promettait depuis longtemps. A la grande satisfaction de Gilles, il l'emmena avec lui.

Or, ils étaient depuis peu dans la ville éternelle; et le jour de la fête du Souverain-Pontife, Gilles Coignet se trouvant avec Stella sur le pont Saint-Ange, au moment où l'on tirait le feu d'artifice, une fusée vint, qui traversa la poitrine de Stella. On l'emporta expirant; et Gilles désolé n'osa plus rester à Rome. Il parcourut l'Italie, où son genre de peinture lui attira tant de demandes, qu'il ne revint qu'en 1560 dans sa patrie, muni d'argent.

En arrivant à Anvers, ses premières pensées furent pour ses deux compagnons de misère dans la maison du juif. Il se hâta de s'informer d'eux pour leur offrir désormais sa bourse. Jacques de Backer, épuisé de mélancolie et de travail, s'était enflammé la poitrine; il venait de mourir à trente ans, désolé de quitter la vie, où il n'eut pas même la consolation d'espérer qu'il laissait un nom. Joachim Beukelaer s'éteignait dans un hôpital.

Gilles, le cœur indigné, courut au logis de Palermo. Mais le tonnerre était tombé sur cette maison; on n'en avait retiré du marchand de tableaux que quelques os calcinés.

Gilles Coignet fut reçu, l'année suivante, membre de l'académie d'Anvers. Il peignait avec succès tous les genres; il eut une carrière brillante et ne mourut qu'en 1600, âgé de soixante-dix ans.

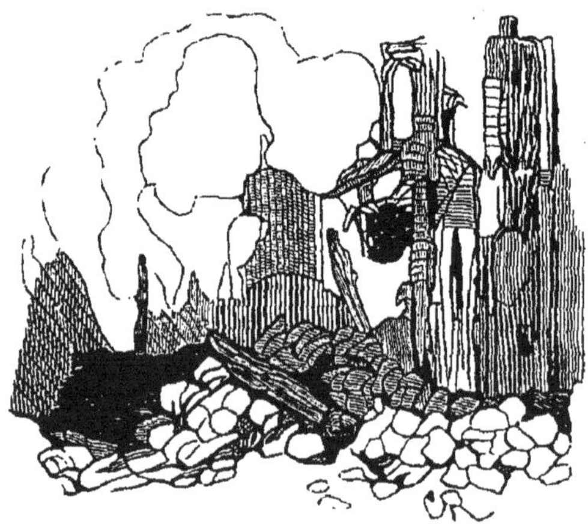

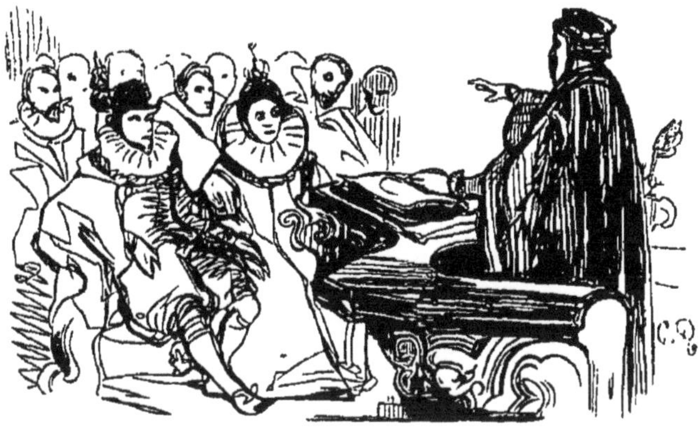

UNE LEÇON DE JUSTE-LIPSE.

Les rois sont grands parcequ'ils donnent ;
Et si vos altesses pardonnent,
Quelle louange on en dira !
La clémence vous grandira.

THÉOPHILE VIAUD.

Il y avait, à l'hôtel-de-ville de Louvain, le 28 Novembre de l'année 1599, une cour étincelante et nombreuse. C'était celle de l'archiduc Albert et de l'infante Isabelle, sa royale épouse. Enfin la Belgique voyait en eux, non plus des gouverneurs-généraux, mais des souverains. Le vieux Philippe II tenait d'autant plus aux Pays-Bas qu'ils lui avaient coûté plus de peines. Quarante ans de guerres et de troubles sanglants n'avaient pu en effet remettre les Belges sous son obéissance. En 1596, il avait confié à l'archiduc Albert, son neveu, cardinal de Tolède, le soin de pacifier ces malheureuses contrées. Déjà, quoique fort jeune, dans sa vice-royauté du Portugal nouvellement conquis, Albert avait montré de la sagesse et des talents politiques. Ces talents ne suffisaient pas encore en Belgique, où il fallait aussi combattre à chaque instant. Dans le but tardif de contenter les esprits, qui ne pouvaient s'accoutumer au gouvernement Espagnol, Philippe II se décida, en 1598, à détacher les Pays-Bas Catholiques de sa couronne. Il en fit un état à part, indépendant, qu'il donna pour dot à sa fille Isabelle-Claire-Eugénie; et il se résolut à la marier à l'archiduc Albert. Ce prince avait besoin, pour une telle union, de doubles dispenses; il épousait sa cousine; et il était cardinal. Le roi d'Espagne obtint tout l'appui de Rome pour une disposition qui devait mettre fin à tant de guerres. Albert, relevé de ses vœux, déposa sa robe et son chapeau de cardinal aux pieds de Notre-Dame de Hal; après quoi, reprenant l'armure des chevaliers, il partit pour la célébration de son mariage, qui eut lieu à Valence le 18 avril 1599.

L'archiduc Albert avait quarante ans. Sa figure était froide et réservée, mais digne et bienveillante. L'infante Isabelle comptait trente-deux ans ; elle était grande, bien faite, peut-être un peu maigre ; elle avait des yeux noirs expressifs, la peau très brune, les traits réguliers, mais une beauté peu remarquable. Malgré sa peau basanée et quoique déjà surannée, comme disaient incivilement les rimeurs d'alors, c'était une princesse recommandable par sa sagesse, son immense bonté, sa piété profonde, ses vertus et ses talents. Elle était accoutumée à la guerre, aux expéditions, à la chasse, à la fatigue, et aussi aux travaux de cabinet. « C'était, dit Brantôme, une princesse de gentil esprit, qui faisait toutes les affaires du roi son père et y était fort rompue. Aussi l'y nourrissait-il fort. » Philippe II l'appelait la lumière de ses yeux. Longtemps il avait espéré la voir reine de France. Lorsque le roi de Navarre (depuis Henri IV) s'était décidé à répudier Marguerite de Valois, on lui avait proposé d'épouser l'Infante, qui alors était plus jeune ; et cette union eût épargné bien des plaies à la France. Mais les Français auraient cru par là tomber sous la protection de l'Espagne ; et les négociations avaient échoué. Toutefois, comme si cette princesse eût dû être quelque part un instrument de réconciliation et de paix, en devenant l'épouse de son cousin Albert elle allait calmer les convulsions de cette Belgique que la violence n'avait pu réduire.

Mais il fallait toute la constance d'Albert et d'Isabelle, à qui du moins cette qualité était commune, pour ramener la paix dans les provinces Belges. Les premières années de leur règne ne furent que des guerres longues et furieuses. Albert, quoique précédemment consacré à l'église, était habile guerrier, et brave, en raison de sa piété et de sa foi, comme plusieurs faits le témoignent. Sa cuirasse, que l'on conserve au musée de Bruxelles, porte la marque de quatre coups de mousquet qu'il reçut au long siége d'Ostende. C'est pendant ce siége que l'Infante, compagne infatigable et assidue de son époux jusques dans les camps, donna ses diamants aux soldats qui se révoltaient, parcequ'on ne les payait point; c'est là aussi qu'impatiente de la résistance que lui opposait Ostende, et comptant un peu trop sur un surcroit de forces qui lui était parvenu, elle fit vœu de ne point changer de chemise, qu'elle ne fût maîtresse de la place. Elle tint ce serment; et le siége ayant duré plus de trois années, la chemise que portait la Princesse acquit cette couleur fauve qui, de son nom, est appelée encore *couleur Isabelle.*

Mais en impiétant sur l'avenir pour faire connaître les personnages qui nous occupent, nous nous écartons de l'époque que nous avons posée. Mariés le 18 Avril 1599, Albert et Isabelle avaient fait leur entrée à Bruxelles avec magnificence, le 6 Septembre. Quoique nommés souverains par Philippe II, il fallait, dans ce pays de libertés, qu'ils fussent reconnus comme tels; les États, attentifs au maintien des privilèges publics, avaient mis du temps à la rédaction de la formule du serment réciproque que devaient se prêter les souverains et les peuples. L'inauguration des Archiducs (c'est le nom que prirent Albert et Isabelle) ne fut célébrée à Louvain qu'à la fin de Novembre. Elle n'eut lieu à Gand qu'en 1600.

Isabelle et son époux aimaient les sciences et les arts; ils se montraient favorables à l'industrie et au commerce. Mais leur piété rigide et la sévérité de leurs mœurs promettaient de leur part, dans les choses de discipline, un gouvernement austère. Des rebelles, des hérétiques et d'autres coupables gémissaient dans les prisons; ils étaient jugés avec équité, selon les lois d'alors. On eût voulu que les Archiducs eussent un peu plus prodigué les grâces. Les résultats de leur administration, ferme d'abord, puis modérée tous les jours de plus en plus, ont prouvé qu'ils avaient sagement gouverné.

La cour des Archiducs était donc rassemblée, après la messe, ce qui était un devoir de tous les jours, dans la plus grande salle de l'hôtel-de-ville de Louvain. C'était, comme on l'a dit, le 28 de Novembre. Le temps était sombre et pluvieux; il était neuf heures du matin; et la nombreuse réunion contemplait la perspective d'une journée d'ennui, lorsqu'Albert demanda doucement: — Qu'y a-t-il à connaître dans cette ville?

— Mais l'Université, monseigneur, répondit le bourgmestre de Louvain; elle a vu Charles-Quint sur ses bancs.

— Et maintenant, ajouta le comte de Fuentès, elle compte parmi ses professeurs Juste-Lipse.

— Je connais ce grand nom, dit Isabelle. Mon père lui a conféré le titre de son historiographe. N'est-il pas de Brabant?

— Oui, madame, répondit le bourgmestre. Il est né à Isque, entre Louvain et Bruxelles; il a maintenant cinquante-deux ans. Sa famille était noble et riche; son oncle Martin fut l'ami d'Erasme. A dix ans, au collège d'Ath, il fit des vers latins qui eurent de l'éclat.

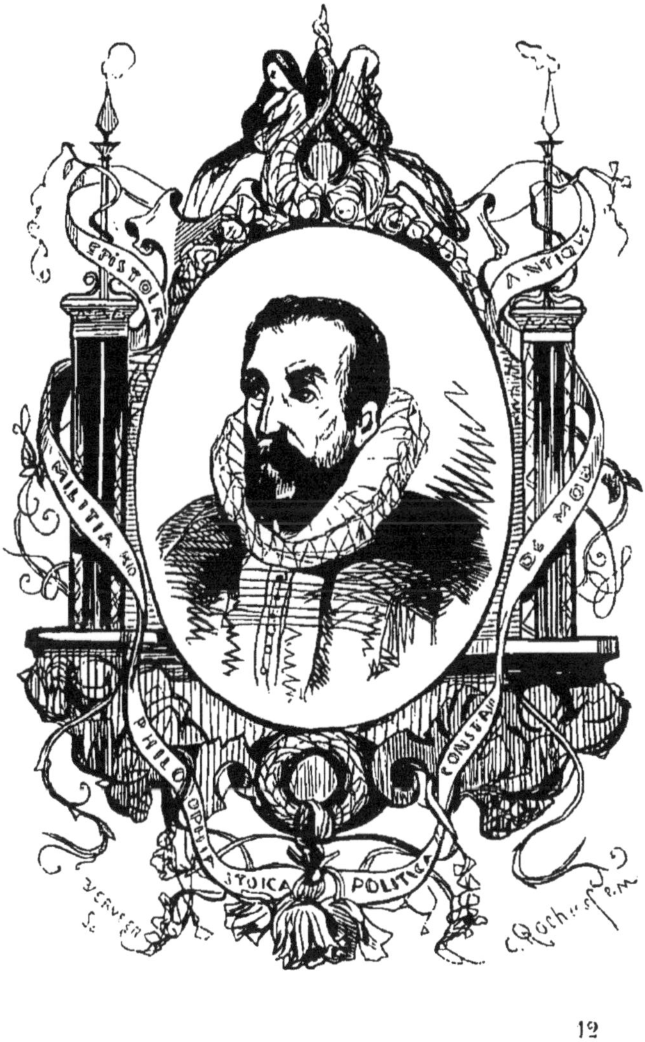
MILITIA
PHILO
STOICA
POLITICA

— A dix-neuf, poursuivit le comte de Berg, il publia son livre des Diverses Leçons, *Variarum Lectionum*, où l'on admire une latinité pure, une élégance de style qui semble appartenir aux beaux temps de la langue des Romains.

— Je l'ai lu, dit Isabelle; on le croirait de Cicéron. Ce livre n'était-il pas dédié au révérend cardinal de Granvelle?

— Précisément, madame.

— Je fais grand cas, dit Albert, de son commentaire sur Tacite.

— C'est un prodige que cet ouvrage, répliqua le comte de Fuentès. Aussi l'a-t-on déjà réimprimé dix fois.

— Je lui préfère, pour mon compte, dit Isabelle, le traité *de Militiâ Romanâ*. Comme il nous initie à toutes les connaissances militaires de ces anciens maîtres du monde! Mais sa *politique* ne me paraît pas excellente.

— Il en a fait pourtant, de la politique, interrompit Cabbeliauw, sans trop comprendre qu'il détournait le sens de la conversation.

Ce Cabbeliauw était un bon gros capitaine flamand, peu versé dans les sciences. Il poursuivit intrépidement: — N'a-t-il pas pris parti, le professeur, pour

Leicester, quand la reine Elisabeth nous envoya ce seigneur, dans l'espoir que nous nous ferions Anglais.

— Oh! dit Albert, ce sont des choses qu'il faut oublier. Nous sommes persuadés que Juste-Lipse ne se souvient guères lui-même de ses petits égarements passés.

— Il a pourtant bonne mémoire, dit en souriant le comte de Berg. Car on dit qu'en étudiant Tacite il est parvenu à le savoir par cœur tout entier. On conte même qu'un jour il s'obligea à réciter, mot pour mot, tous les passages qu'on lui désignerait de cet écrivain célèbre, consentant à être poignardé, dans le cas où il ne les rapporterait pas fidèlement.

— C'était une téméraire condition, dit Albert.

— Malgré quelque fanfaronnade qui tient à la faiblesse humaine, reprit l'Archiduchesse, de tels hommes font de si hautes exceptions qu'on ne saurait trop les ménager.

— C'est l'honneur du pays, madame, continua le comte de Fuentès. Aussi voyez tout ce qu'on a fait pour nous le ravir! A Vienne, on n'a pas épargné les séductions; à Jéna, où il professait il y a vingt-cinq ans l'éloquence et l'histoire, les princes de Saxe-Cobourg lui ont fait les offres les plus honorables; à

Leyde, on lui proposait, pour le retenir, *des montagnes d'or*. Il y a six ans, pendant qu'il était à Liège, le pape Clement VIII à Rome, le roi Henri IV à Paris, Ferdinand de Médicis à Florence, le sénat de Venise, l'académie de Pise, toutes les puissances qui honorent le génie voulaient le posséder; toutes ces cours lui envoyèrent des ambassadeurs; — c'est à-peu-près le mot que je dois employer. — L'amour de la patrie l'emporta dans le cœur de Juste-Lipse. Il préféra une chaire d'histoire ancienne à l'université de Louvain; et il l'occupera jusqu'à sa mort.

— Et sans doute, dit Albert, il est revenu de ses erreurs en fait de religion?

— En doutez-vous? répliqua l'Infante. N'a-t-il pas abjuré à Mayence tout ce qui pouvait se trouver entaché d'hérésie dans ses écrits et dans ses actions, du temps qu'il vivait au milieu des hérétiques?

— Il a toujours aimé sa religion et son pays. Mais le malheur d'habiter avec les religionnaires a un instant égaré sa tête seule. Aussi feu notre ami Dominique Lampsonius, que nous venons de perdre, cet homme qui alliait si gracieusement le pinceau et la plume, poëte et peintre agréable, n'eut que de légers efforts à mettre en avant pour ramener au bercail cette brebis fourvoyée.

— Juste-Lipse, ajouta le comte de Berg, écrit à présent l'histoire merveilleuse de Notre Dame de Hal.

— Quand se donnent les leçons d'histoire ancienne? demanda subitement Isabelle.

— A l'heure qu'il est, madame, répondit le bourgmestre.

— Messieurs, dit l'Archiduchesse, en élevant la voix, nous allons visiter ce qui est plus rare qu'un monument, un grand homme. Notre désir est que toute la cour assiste avec nous à une leçon du docteur Juste-Lipse, sur les mêmes bancs où s'est assis Charles-Quint, notre auguste aïeul.

L'assemblée salua tout entière avec satisfaction; elle voyait là, du moins, une distraction d'une heure. Les Archiducs et leur suite, les chevaliers de la Toison-d'Or, les ducs, les marquis et les comtes, les dames d'honneur et les capitaines, les gentilshommes et les pages, le bourgmestre et les notables de la ville, deux cents personnes environ, plus ou moins chamarrées de soie, d'or et de velours, ornées de plumes, de colliers, de diamants et de dentelles. se rendirent à l'université, précédées par un corps de musique, escortées de la foule curieuse.

Les portes du temple des sciences, fondé par Jean IV, duc de Brabant, s'ouvrirent tout entières devant le noble cortège ; et la cour d'Isabelle pénétrait dans l'enceinte, alors silencieuse, quand Juste-Lipse, à qui la musique faisait mal, demanda la cause de tout le bruit qu'il entendait?

Pour toute réponse, il vit paraître les Archiducs et leur suite nombreuse. Le bourgmestre, s'avançant au pied de la chaire du professeur, lui annonça que leurs altesses désiraient la faveur d'assister à sa leçon. Le silence de l'école ne fut pas autrement troublé. Isabelle et sa cour saluèrent avec cette sorte de respect qu'on apporte dans les sanctuaires où les bouches sont muettes. Juste-Lipse, sans descendre de son siège, s'était levé; et il avait posé sa toque. Il savait que les hommes de science allaient de pair alors avec les souverains. Il se rappelait que, dans une cérémonie publique, l'empereur Charles-Quint avait donné la droite au recteur magnifique de Louvain. Il salua, en inclinant la tête vers ses nobles auditeurs, pendant que ses nombreux élèves, fiers de l'honneur qu'on rendait à leur maître chéri, cédaient leurs places à la Cour, et se pressaient debout au fond de la vaste salle.

Juste-Lipse était d'une taille moyenne; il avait le front large et élevé, l'œil vif; il maigrissait en vieillissant; la couleur de son teint révélait le commencement de la maladie de foie qui devait bientôt le mettre au cercueil. Il était vêtu d'une simple robe d'étamine noire, à larges manches. Il avait devant lui, dans un petit vase blanc, une tulipe; car il se plaisait à cultiver ces fleurs. Son chien Saphir était assis avec recueillement au pied de la chaire.

La leçon de Juste-Lipse n'avait donc été suspendue que par un léger mouvement de quelques minutes. Tout était redevenu calme; seulement l'auditoire avait changé de face.

Au moment où la Cour était entrée, le professeur expliquait gravement à ses élèves attentifs les détails intéressants de la belle retraite des dix mille, écrite par Xénophon, qui en avait été le héros. Au lieu de poursuivre cette matière devant les archiducs, il prit en main le livre de Sénèque, *De la Clémence;* il lut ce passage remarquable où la vertu qui pardonne est présentée avec chaleur, comme capable d'élever l'homme jusqu'aux Dieux. Lipse, en public, parlait avec âme, avec éloquence, avec grâce [1]; tout le feu de son génie l'inspira; il commenta avec splendeur un texte si convenable à la circonstance; il fit voir que la clémence était la seule vertu spéciale qui pût distinguer les grands des autres hommes: — Eux seuls

[1] Loquela prompta nec sine venere in publico. (Reiffenberg.)

ont le bonheur de pouvoir l'exercer, dit-il ; eux seuls peuvent vaincre leurs ennemis à force de bienfaits.

Il peignit l'autorité qui comprime les cœurs et la bonté qui les gagne ; la justice qui glace les peuples, le pardon qui les réjouit et les ranime. Il fit un suave tableau de la sérénité qui entoure une âme douée de clémence, du doux sommeil qui repose un cœur bienfaisant ; il montra la mort sans agonie, sans épouvante, sans effroi, sans laideur, au terme d'une vie généreuse. Il rehaussa encore la sublime morale du philosophe payen, en la renforçant de la doctrine surhumaine et des paroles augustes de l'évangile. — Dieu ne serait pas Dieu, ajouta-t-il, si sa clémence n'égalait son immensité ; et Satan ne serait plus le Démon, si la miséricorde pouvait entrer dans son cœur. Aussi, parmi les souverains, ceux-là seuls resteront grands devant les hommes et seront élus devant Dieu, qui auront mesuré leur clémence à l'étendue de leur pouvoir.

Le professeur s'arrêta ; la leçon était terminée. La Cour se retira, pénétrée, grave, sérieuse. Le soir de ce jour-là, l'archiduc Albert nomma Juste-Lipse membre de son conseil d'état. Il signa, avec Isabelle, les lettres de grâce de trois cents Brabançons emprisonnés, qui le lendemain virent s'ouvrir, émerveillés, les portes de leurs prisons. Le 30 Novembre, ils allèrent en corps remercier Juste-Lipse. Tous les ans, à pareil jour, ils lui portèrent, jusqu'à sa mort, un bouquet de tulipes éclatantes. — Mais en l'année 1606, ils le déposèrent sur son tombeau.

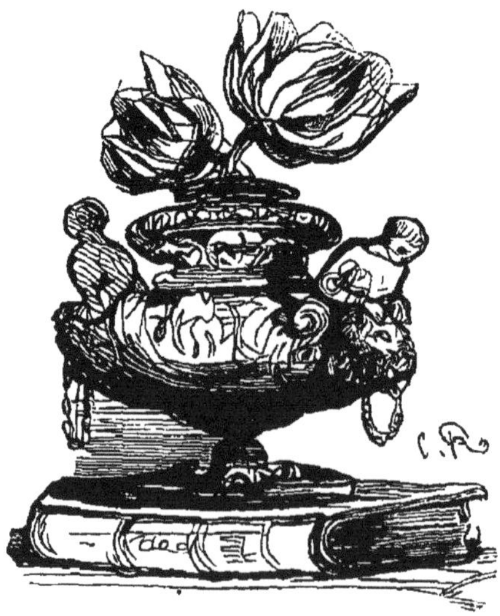

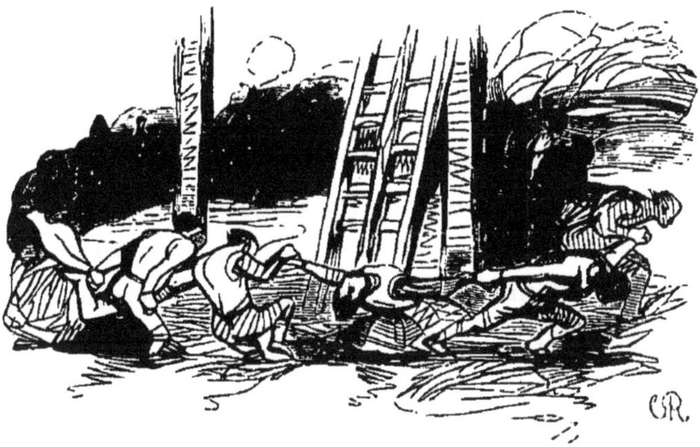

LE MÉNÉTRIER D'ECHTERNACH.

Heer Sint Johan !
So ! so ! heu ! och !
Heer Sint Johan !

Vieille chanson des danses épidémiques.

I. — LE VIOLON.

Avant d'entreprendre le singulier récit des aventures de Guy, le ménétrier d'Echternach, il est utile, en manière de précaution oratoire, que nous disions un mot de recherche sur un instrument musical fort répandu de nos jours, mais que les doctes prétendent n'avoir pas été connu avant la renaissance. C'est du violon que nous voulons parler.

A la vérité, les violons des temps anciens n'avaient peut-être pas exactement la forme de ceux qu'il nous est loisible d'entendre aujourd'hui. Peut-être aussi nos pères du moyen-âge ne possédaient-ils pas des instrumentistes comme Viotti, Lafont, Kreutzer, Bériot, Hauman, Paganini. Qui sait cependant? N'ayons pas trop de vanité, et ne faisons pas dédain de nos pères. Il y a encore, dans le domaine des arts, quelques champs qu'ils ont moissonnés plus habilement que nous.

Toutefois M. Fétis a dit que le violon n'était qu'un diminutif et une variété de la viole; qu'il commença seulement à fleurir vers les premières années du seizième siècle; que des luthiers français fabriquèrent les premiers cet instrument. Il s'appuie, à ce propos, sur la locution employée alors par les Italiens, qui appelaient le violon *une petite viole à la française*. Il combat ensuite ceux qui font remonter le violon au onzième siècle, parcequ'ils le confondent, dit-il, avec le rébec; et il ajoute: «Le rébec avait à-peu-près la forme d'un battoir de blanchisseuse, échancré par les extrémités; dans sa construction on ne trouvait ni voûtes, ni éclisses; la table d'harmonie, au milieu de laquelle il y avait une rosace. était collée à plat sur les bords du corps de l'instrument.»

Il ajoute à cette description passablement obscure : « ce n'était donc pas un violon ; » comme si la forme emportait toujours entièrement le fonds ! Mais les violons de Chanot, quoiqu'ils n'eussent pas complétement la forme des Stradivari, des Amati, des Steiner, n'en sont pas moins des violons, proclamés, par la classe des beaux-arts de l'Institut de France, supérieurs à toute l'ancienne lutherie italienne si vantée.

Le commun des amateurs n'en a pas moins adopté l'idée que le violon n'a pas quatre cents ans ; qu'il est né au commencement du seizième siècle ; qu'il a eu son éclat dans le dix-septième et le dix-huitième ; et que si l'instrumentation prospère, l'instrument penche vers son déclin. Aussi on recherche avec passion les violons des amati ; on paie dix, douze, quinze mille francs un stradivari. On cite même ce trait du comte de Trautmansdorff, seigneur de la cour de l'empereur Charles VI, qui acheta du luthier Jacob Steiner un excellent violon aux conditions suivantes : 1°. qu'il lui paierait huit cents francs comptant ; 2°. qu'il lui ferait servir chaque jour un bon dîner ; 3°. qu'il lui fournirait tous les ans un habit galonné d'or, deux tonnes de bière, douze paniers de fruits pour lui et douze pour sa vieille nourrice ; 4°. qu'il lui paierait vingt francs par mois jusqu'à sa mort. Le vendeur vécut seize ans après ce marché ; de sorte que le violon fut payé une vingtaine de mille francs.

Il ne faut voir dans ce prix excessif qu'une folie et dans les clauses de ce marché qu'une originalité bizarre, qui n'est pas unique. Le libraire Barba, à Paris, avait obtenu de Pigault-Lebrun un engagement qui l'obligeait à ne vendre qu'à lui seul ces tristes et mauvais romans, tombés aujourd'hui dans l'oubli le plus parfait ; et l'éditeur était tenu, par dessus le prix convenu de chaque volume, de fournir tous les ans au romancier si promptement déchu un habillement complet, qui se délivrait avant le déjeûner du premier jour de l'an. Ce jour-là, Pigault-Lebrun arrivait de Saint-Quentin, sa demeure habituelle ; il se dépouillait de tout ; et Barba devait le remettre convenablement à neuf, depuis les souliers jusqu'au chapeau, depuis la chemise jusqu'à la paire de gants.

Mais nous ne sommes plus avec le violon. En y revenant nous ne serons pas d'accord avec M. Fétis. Les chercheurs d'origines font remonter le violon aux premiers temps de la monarchie des Francs. Montfaucon a recueilli le violon dans de vieux monuments mérovingiens. Saint-Julien des ménestriers était sculpté à Paris, sur le portail de son église, avec un violon ; et ce bas-relief appartenait à l'époque de Saint-Louis.

Dans ce même treizième siècle, le poëte brabançon Adenès et le comte de Champagne Thibaut se servaient de cet instrument. Ils sont représentés jouant du violon sur des manuscrits de leur temps. Les femmes s'accompagnaient du violon; dans les récits des croisades on le cite formellement. M. de Reiffenberg, dans sa lettre à M. Fétis sur la musique, appuie ce que nous disons là. Il parle aussi de Louis de Vaelbeke, artiste brabançon, célèbre joueur ou fabricant de violons, qui florissait en 1294.

Il est vrai qu'on appelait en France ces violons des Rebecs. Mais parce qu'ils variaient dans certaines parties de leur configuration, parce qu'ils n'avaient souvent que trois cordes et qu'aujourd'hui ils en ont toujours quatre, ce n'en est pas moins le même instrument à archet. La viole, qui a sept cordes, n'en avait que six avant le dix-septième siècle. Tout ce qu'il est permis de dire, c'est qu'on a perfectionné la viole et que son nom peut être nouveau. Quant à son existence, si on la conteste à l'époque du roi Dagobert, qui était assez malin pour en jouer, il faut brûler Montfaucon et cacher les vieux monuments vénérables qu'il a gravés.

Nous avions besoin de ce préambule pour nous munir contre la docte critique des archéologues, relativement à la chronique qu'on va lire.

II. — LE MÉNÉTRIER.

Echternach, que l'on appelle aussi Epternach, est une petite ville pittoresque du Luxembourg, laquelle est peuplée de trois à quatre mille habitants. Elle est bâtie au pied de plusieurs petites montagnes où croissent des vignes, qui produisent joyeusement un léger vin aigrelet, que l'on décore du nom splendide de vin de Rhin. Elle est arrosée par la Sure, rivière sans prétention qui va se perdre dans la Moselle à Wasserbilich. C'est la Suisse des Pays-Bas que cette contrée romantique.

L'église d'Echternach est bâtie aujourd'hui sur un pic de rocher où l'on monte par deux escaliers en pente, de deux ou trois cents marches. De là on découvre un paysage varié, un horizon plein d'accidents. Autrefois, les sites étaient comme de nos jours. La nature, ouvrage de Dieu, ne change guères. Mais les travaux des hommes, après quelques siècles, ne se retrouvent plus; les vieux monuments sont remplacés par de nouveaux édifices; et nous serions embarrassés de dire ce qu'était Echternach, il y a onze cents ans.

C'est pourtant à cette époque reculée qu'eut lieu l'aventure du ménétrier. On sait peu de détails sur les localités d'alors, sinon que la petite ville subsistait, bourg ou village, où s'agitait de nombreux habitants. La plupart des peuples des Pays-Bas avaient déjà embrassé la foi chrétienne; Echternach restait obstinément idolâtre, attaché au culte de vieilles divinités gauloises, lorsque le bon Saint-Willibrord, l'apôtre de la Frise et le premier évêque d'Utrecht, vint convertir ces payens. Mais tout régénérés qu'ils étaient depuis peu, c'étaient encore des hommes sauvages.

Un jeune homme d'entre eux, plus éclairé, était parti depuis dix ans pour le pélérinage de la Terre Sainte, œuvre alors très-recommandée et qu'il avait voulu faire après avoir reçu le baptême. Il se nommait Guy; et selon les usages du temps on avait caractérisé sa tournure par un sobriquet; on l'appelait Guy-le-long. Il avait emmené avec lui sa jeune femme, devenue chrétienne à son exemple. Personne, pendant un si long temps n'ayant apporté de leurs nouvelles, on les crut morts; et leurs parents, qui étaient en bon nombre se partagèrent leurs biens. Ils furent donc très-surpris, lorsque le jour de Pâques de l'année 729, on leur annonça que Guy venait de reparaître. On ne pouvait pas en douter; Guy était conformé de manière à n'ê're jamais oublié; et tout le village le reconnaissait parfaitement. C'était toujours, comme à son départ, un jeune homme de très-haute taille, excessivement maigre, aérien, un vrai squelette convenablement revêtu de peau, de muscles et de nerfs. Il avait de grandes jambes, que l'on comparait aux échalas de ses vignes, des pieds immenses, des mains dont les doigts osseux ne finissaient pas, une tête longue comme un ennui d'hiver, selon l'expression d'un plaisant du pays. Il faisait d'énormes enjambées, bondissait par saccades; et on le citait comme l'être le plus fluet, le plus agile et le plus disloqué que l'on eut jamais vu.

Malgré tout, sa figure plaisait; son regard était doux; et tel qu'il était il avait réussi à gagner le cœur de la jeune femme qui l'avait accompagné dans son pélérinage, mais qu'il ne ramenait point. Il avait quelques-unes des qualités qui éclatent dans les hommes que nous appelons des artistes et qu'alors on appelait des fous. Il ressentait de fréquents mouvements d'enthousiasme. Il chantait avec un sentiment profond; et avant son départ on le citait comme jouant à ravir d'une sorte de flûte.

Ses parents furent peu joyeux de son retour. Rudes autant qu'il était doux, ils devinrent sombres à la pensée qu'il fallait lui restituer ses biens. Ne sachant que lui dire, ils lui parlèrent de sa femme, qu'il avait emmenée avec lui, lorsque dans un moment de ferveur il était parti pour la Terre Sainte, et qu'ils ne revoyaient pas. — Je l'ai perdue, dit-il tristement; et moi, échappé à travers mille périls, j'ai rapporté du moins un objet qui quelquefois me console.

Il montrait un instrument, que ses compatriotes ne connaissaient pas; c'était un violon, (un rebec, si vous voulez; mais permettez-moi de lui donner son nom moderne). Il n'osait pas avouer que les Sarrasins lui avaient enlevé sa compagne chérie. Il se contenta d'annoncer que bientôt des armées d'infidèles allaient fondre sur l'Occident. Puis, voyant qu'on ne le comprenait point, il changea de matière et demanda si on avait entretenu ses vignes, paraissant tout-à-fait disposé à rentrer dans ses possessions.

Les parents de Guy se rassemblèrent le soir pour tenir conseil. A la suite d'un long conciliabule, ils imaginèrent quelque chose d'odieux et de féroce; c'était de l'accuser d'avoir tué sa femme. — Par ce moyen, dit l'un d'eux, les juges nous déferont de lui; et nous garderons ce qui est en nos mains.

L'accusation fut portée le lendemain. Trois des plus robustes parmi les accusateurs offrirent de soutenir la cause par le duel, selon les vieilles coutumes du pays. C'était une justice usuelle qui avait au moins cela de bon qu'elle dispensait des avocats. Guy fut cité; il entendit avec surprise l'exposé de l'action que l'on intentait contre lui; mais il accepta le combat judiciaire, quoiqu'il fût inhabile à ces sortes de joûtes. On remplit quelques formalités promptes; puis on lui donna quarante jours pour trouver des champions; et on le mit en prison. Comme on lui laissa son violon il ne se désola point. Mais personne ne se présenta pour le défendre; car rien n'appuyait la présomption de son innocence; et l'on redoutait dans tous les environs d'Echternach les trois adversaires que la cupidité lui avait donnés.

Le duel de justice eut lieu le lendemain de la Pentecôte, au sortir de la messe. Il ne dura qu'un instant. Au premier choc, Guy fut renversé. Son vigoureux parent lui mit le pied sur la gorge; et comme il était vaincu, il fut déclaré coupable, condamné à être pendu le lendemain et reconduit en prison.

Au moment de le mener au supplice, on voulait lui lier les mains derrière le dos. Jusques-là, il avait tout supporté; alors il supplia qu'on lui épargnât une humiliation inutile et demanda, pour toute faveur dernière, qu'on lui permît d'emporter son violon et d'en jouer encore une fois sur l'échelle de la potence. Ses accusateurs, qui avaient hâte de sa mort, voulaient qu'on lui refusât cette grâce légère; mais la foule du

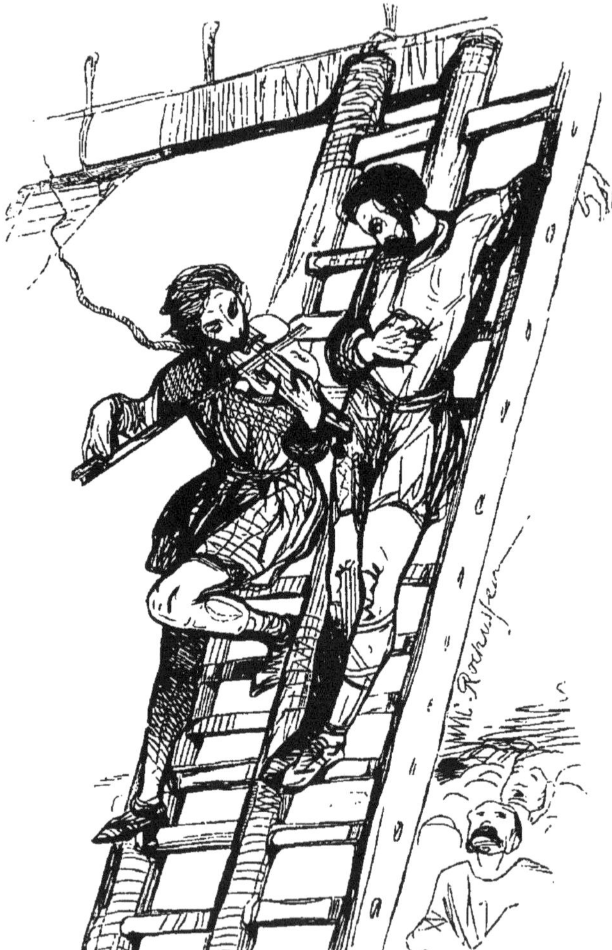

peuple prit parti pour lui sur ce point qui lui promettait un plaisir; et il fut fait comme il avait demandé. Le mardi de la Pentecôte de l'année 729, par un beau soleil de midi, on vit donc arriver, escorté par le bourreau, au pied de la colline sur laquelle s'élevait une chapelle que l'église d'Echternach a remplacée, Guy-le-ménétrier qui s'en allait mourir. Sa tête nue laissait flotter au vent ses longs cheveux; il marchait avec un air d'indifférence; ses grands bras se balançaient à peine; son violon, attaché par un ruban de laine était jeté sur son dos; l'archet pendait à sa ceinture. Au mouvement de ses yeux et de ses lèvres, on voyait qu'il était dominé par quelque inspiration.

Il monta en silence jusqu'au milieu de l'échelle dressée contre le gibet. Alors il prit son violon, leva son archet, et appuyant son menton osseux sur l'instrument chéri, il lança sur le champ, sans préluder une seconde, une masse de notes éclatantes, exécutant sur un air de complainte populaire ce qu'on appellerait aujourd'hui des variations. Il devait à l'Orient, et plus encore à son âme, l'art magnifique qu'il déployait devant une assemblée grossière. D'abord la foule fut étonnée, frappée, étourdie, remuée, puis émue. Dès qu'il le vit, il fit vibrer les cordes avec plus d'expression; il tira de son violon des sanglots et des larmes; il le fit pleurer et gémir avec angoisses. Il avait amolli les nerfs de ses auditeurs; il les ébranla et les crispa. Il vit bientôt leurs fronts s'élever, leurs yeux jeter des lueurs d'égarements, leurs mains se débattre. Le bourreau, qui était au dessus de lui, chancela, laissa tomber sa corde et descendit éperdu, ne pouvant plus se soutenir sur la potence.

Guy cependant jouait toujours. Son agile archet semblait produire des étincelles; et la foule clouée là, immobile, dominée, n'avait plus ni pensée, ni volonté. Elle était uniquement soumise aux sensations que lui donnait l'artiste. Un moment, qui fut très-court, il changea de ton; et ce fut un repos. Il passa à des modulations plus douces. Il pria. Les cordes sonores prirent la voix suppliante; tous les assistants tombèrent à genoux. Le cœur de Guy priait aussi; car ses lèvres parlaient, ses grands yeux levés au ciel laissaient tomber des larmes. Dieu entendit sans doute l'harmonieuse prière du pauvre ménétrier; et détournant son visage de la foule criminelle, il lui livra ses cruels accusateurs.

Aussitôt donc, le condamné, reprenant son rythme violent, joua, dans une sorte de délire, l'air le plus animé, le plus vif, le plus bondissant, le plus entraî nant, le plus joyeux qui jamais eut frappé les voûtes du ciel. Tout le peuple, machinalement agité, se retrouvait debout et se balançait comme pour se mettre en danse. Ce fut dabord un grand bal intérieur et contenu; ce fut bientôt une danse véhémente. Les hommes et les femmes, les vieillards et les jeunes filles, les pères et les enfants, tout dansait. Les parents de Guy-le-long dansaient autour de son échelle; les juges dansaient à côté; le bourreau dansait sous la potence. Les animaux domestiques, qui revenaient du pâturage, se mirent à danser aussi. Tout ce qui était animé dans Echternach et son territoire était saisi d'une agitation cadencée que rien ne pouvait plus calmer.

Le ménétrier, qui venait ainsi de fasciner ses assassins, descendit alors, jouant toujours, au pied de son échelle; il traversa la foule qui ne pouvait plus l'arrêter et s'éloigna lentement. Au bout d'un quart d'heure, on entendait encore les modulations de son magique instrument; mais Guy avait disparu; et jamais plus on ne le revit dans la contrée.

Tout le bourg dansa jusqu'au coucher du soleil. Alors chacun se retira brisé, épuisé, abimé et comme sortant d'un rêve accablant. Mais les dix-huit parents de Guy ne s'arrêtèrent pas là; et la légende, qui peut bien exagérer un peu, dit qu'ils dansèrent pendant une année, sans boire ni manger et sans prendre de repos, autour de l'échelle. Déjà ils s'étaient enfoncés dans la terre jusqu'aux genoux, quand le bruit de cette merveille parvint à Utrecht, où les nouvelles alors n'arrivaient pas vite. Nous continuons de suivre la tradition, sans la garantir. Le bon évêque Willibrord accourut, prit ces pécheurs en pitié et les délivra de leur châtiment. Après un profond sommeil de cinq jours, les trois premiers accusateurs revinrent à eux-mêmes, reconnurent leur crime, s'en confessèrent avec repentir et moururent bientôt; les quinze autres, ajoute-t-on, gardèrent toute leur vie un tremblement qui ne leur permit jamais d'oublier leur mauvaise action.

III. — L'ÉPIDÉMIE DANSANTE.

Cette maladie qui obligeait à danser reparut dans la suite. Et par une coïncidence dont nous ne saurions donner la raison, on plaça les affligés de ce mal sous la protection d'un saint, qui portait le nom du ménétrier. On appela donc l'affection dansante la danse de Saint-Guy. On la nomma aussi danse de Saint-Jean, parce qu'elle apparaissait surtout vers l'époque de la fête du saint précurseur, et qu'on attribuait à ce saint la puissance de la guérir.

Cette puissance ne pouvait être refusée à Saint-Willibrord. Aussi, après sa mort, qui eut lieu en 740, les habitants d'Echternach ayant obtenu son corps, le placèrent dans leur église [1]; il devint le but d'un pélerinage célèbre; plusieurs princes s'y rendirent en pompe; l'époux de Marie de Bourgogne, Maximilien, offrit à Saint-Willibrord un cierge qui pesait trois cent cinquante livres et qui était encore à Echternach en 1794. Nous ignorons s'il fit ce don pour être guéri de l'envie de danser.

En 1015, on vit près de Bernbourg, dans la principauté d'Anhalt, des danseurs que rien ne pouvait arrêter et qui furent guéris par un pélerinage à Saint-Willibrord. En 1237 à Erfurt, cent enfants furent possédés de la danse épidémique. En 1278, sur le grand pont d'Utrecht, deux cents personnes dansèrent le 17 Juin et ne s'arrêtèrent qu'en tombant épuisées sans connaissance. On n'a pas expliqué suffisamment cette singularité, qui du moins en Italie est produite par la piqûre de la tarentule. Etait-ce, dans les Pays-

[1] Depuis 1839, les reliques de Saint-Willibrord, apôtre révéré de la Neerlande, ont été transférées à La Haye, où elles sont honorées dans une église érigée sous son invocation.

Bas et l'Allemagne, l'effet de certains remords éveillés par le récit de l'histoire de Guy-le-long? On lit, dans une vieille chronique du Limbourg, que la danse de Saint-Guy fut très-contagieuse en 1374. Dans plusieurs contrées des bords du Rhin, on vit des gens danser deux à deux comme s'ils eussent été fous, pendant tout un jour, tomber ensuite par terre et ne se relever que lorsqu'on leur avait marché sur le corps. « Ils couraient d'une ville à l'autre, poursuit la chronique, et le nombre de ces danseurs s'accrut tellement qu'on en a vu jusqu'à cinq cents à Cologne. » Se tenant par la main et formant des rondes inmenses, ils envahissaient les places publiques et les édifices sacrés pour se livrer à leurs danses furieuses. Lorsqu'ils tombaient exténués, ils se plaignaient de violentes douleurs, que l'on soulageait en leur donnant des coups de poing et des coups de pied dans le ventre. Après l'accès, ils racontaient presque tous des visions bizarres qu'ils avaient eues durant la danse. Les uns disaient qu'il leur avait semblé qu'ils marchaient dans une mer de sang, et que c'était pour échapper à ces vagues horribles qu'ils se livraient à des sauts désordonnés; d'autres contaient qu'ils avaient vu un coin du ciel s'ouvrir devant eux et que leur danse avait été l'expression d'une heureuse extase.

Si ces danseurs étaient des visionnaires, ajoute M. Rabou, dans ses recherches sur la danse de Saint-Jean et de Saint-Guy, on faisait donc bien de les exorciser, puisque généralement les exorcismes les guérissaient. C'est ce qui eut lieu en 1374 à Utrecht, à Liége et à Tongres; car cette année-là l'épidémie dansante s'étendit fort loin; on compta à Mets jusqu'à onze cents danseurs frénétiques, qui sautaient à la fois et dont la musique redoublait les accès au lieu de les calmer. On ne les délivra qu'en les exorcisant. Que les philosophes nous donnent là-dessus leurs raisonnements creux! A défaut d'exorcistes, il n'y avait de remède provisoire aux transports dansants que les coups de pieds et les coups de poing solidement appliqués, remède très-simple d'ailleurs, très-peu dispendieux, que les danseurs trouvaient aisément partout et qu'on leur prodiguait avec une obligeance empressée.

Ce mal incompréhensible se remontre encore quelquefois, avec des symptômes divers, qu'on met tous sur le compte des nerfs ébranlés; mais il est maintenant individuel et non plus épidémique.

Ajoutons que de nos jours on fait encore tous les ans le pélerinage d'Echternach, dont l'absence des reliques de Saint-Willibrord diminue pourtant chaque année de plus en plus l'importance. Mais on monte toujours en dansant les escaliers gigantesques qui conduisent à son église ; on fait en dansant le tour du saint édifice. Ceux qui, dans leur marche cadencée, ont égard aux vieilles traditions, doivent sur trois pas en avancer deux et en reculer un. Ils vont ainsi trois à trois. Mais cette fête joyeuse et pittoresque n'est plus tranchée par rien de triste. L'empereur Napoléon voulut, on ne sait pourquoi, la supprimer. Les gendarmes qu'il envoya pour arrêter les danses d'Echternach, où le violon de Guy-le-long semble résonner encore le jour de la fête, dansèrent avec les pélerins. On laissa faire et on fit bien.

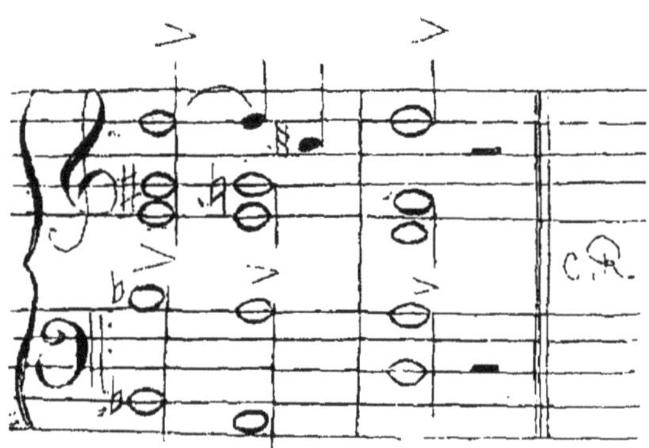

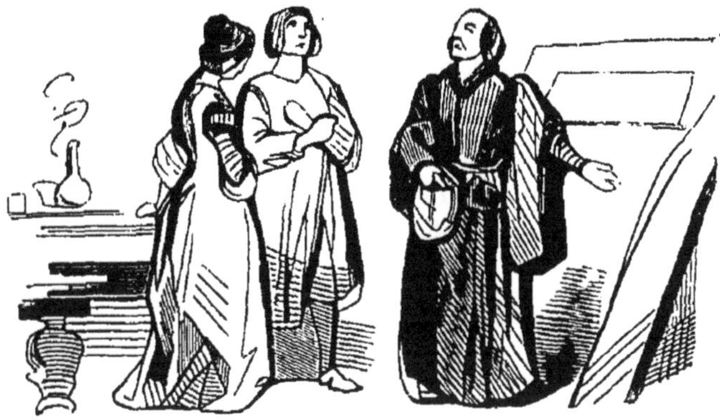

L'ATELIER DES FRÈRES VAN EYCK.

Invente et tu vivras.

LE MIERRE.

A peu de distance de la grande place qu'on appelle à Gand le Kautre, au coin de la rue des vaches et du marché aux oiseaux, on s'arrête devant l'élégante façade d'une maison nouvellement reconstruite et décorée de deux médaillons qui retracent les figures célèbres des frères Van Eyck. Là en effet, il y a plus de quatre cents ans, ces deux hommes immortels illustraient leur patrie. Car c'était la maison des premiers chefs de l'école flamande, des pères de la peinture dans les Pays-Bas, des inventeurs de la peinture à l'huile. Leur atelier, que peut-être il eût fallu respecter comme le sanctuaire des arts, a fait place à de jolis salons, où les grandes ombres d'Hubert et de Jean van Eyck se réjouiraient sans doute du bon accueil, qui leur serait fait, mais tout en gémissant de n'y plus retrouver le désordre inspirateur, les modèles variés et bizarres, et les bruyants élèves qui les entourèrent là si long-temps.

I.

Par un beau soleil du mois de Mai de l'année 1420, deux hommes, et plus que cela deux artistes, se trouvaient dans le vaste atelier. Le premier, qui avait cinquante quatre ans, portait une figure douce, mais sérieuse et souffrante; c'était Hubert van Eyck. Le second, plus jeune de vingt cinq ans et sans doute fils d'une autre mère, doux comme lui, mais ouvrant de beaux yeux candides et pleins de sérénité, était son frère Jean, aussi son élève. Ils mesuraient, sur de grands panneaux, la place et l'effet d'une composition très-compliquée, dont l'esquisse était là, ébauchée largement. Une jeune fille de vingt-deux ans, belle et animée, une tête d'artiste, gracieuse et naïve, semblait admise à leurs travaux. C'était Marguerite van Eyck, leur sœur. Elève à son tour de Jean, Marguerite se dévouait à ses frères et partageait leurs goûts. Elle refusa constamment de se marier, pour se livrer avec plus de liberté à la peinture.

— Cette grande production, comme je la conçois, dit enfin Hubert van Eyck, immense, pompeuse, éblouissante, occupera douze panneaux....

— Eh bien! mon frère, répondit Jean avec douceur, nous travaillerons douze ans.

— Douze ans! c'est long pour moi, reprit Hubert. Et pourtant il faudrait que Dieu me les laissât tout entiers.

— Oh! Dieu ne les refusera ni à vos talents, ni à nos prières, dit Marguerite. Dieu sait que vos pinceaux ne sont consacrés qu'à sa gloire. D'ailleurs vous ne vous fatiguerez pas; Jean vous secondera avec zèle; vos élèves travailleront....

— Point d'élèves, des maîtres seuls dans ce noble ouvrage! s'écria Hubert. Jean seul y portera le pinceau; et je dirigerai sa main.

— Et moi, reprit Marguerite, vous m'en laisserez au moins broyer les couleurs?

— Oui, chère sœur, répondit Hubert avec un sourire mélancolique. D'ailleurs vous en savez tout le secret.

— Ce secret, poursuivit Jean, trouble un peu nos confrères. Ils ont bien vu que nos couleurs étaient délayées dans l'huile de lin. Mais ils n'ont pas deviné le reste. Il faut que ce secret nous immortalise.

— Ce serait une pauvre immortalité, ajouta froidement Hubert, si nos tableaux étaient mauvais.... Mais douze ans! reprit-il d'un ton grave; — et pourtant, toute cette composition si vaste, je la vois devant moi; elle est là; elle s'anime; elle est peinte; elle est achevée. Oh! la pensée est prompte! La pensée vient de Dieu, car elle crée comme lui, — en un instant, — par le seul vouloir. Mais la main, c'est la matière; c'est l'homme, condamné depuis sa chûte à un travail lent et pénible....

Comme il allait poursuivre, le bruit d'une sonnette se fit entendre. Marguerite descendit. Les deux artistes ne s'émurent point; ils savaient que dans le lieu sacré de leurs travaux Marguerite ne laissait pas entrer de profanes qui vinssent les troubler. Elle reparut bientôt, suivie d'un jeune seigneur, qui marchait avec précaution, comme s'il eût respecté le pavé qu'il foulait. Ce jeune homme était Josse de Wyts, seigneur de Pamele, d'une famille patricienne de Gand. Il possédait une grande fortune qu'il dépensait noblement avec les artistes. C'était lui qui avait commandé aux frères Van Eyck la grande composition qui les occupait, et qui devait être le premier chef-d'œuvre de l'école flamande et de la peinture retrouvée.

Il s'approcha de l'esquisse:

— Ce sera, dit-il, au delà de ce que j'espérais.

— Ce sera très-grand en effet, dit Hubert. Mais il nous faut, messire, douze années. Nous le disions tout à l'heure.

— Douze années? alors le prix que vous aviez fixé ne suffira point. Je le doublerai, mes maîtres, et 12,000 florins ne vous paieront pas encore comme je le voudrais.

Les deux frères s'inclinèrent légèrement.

— Voici à l'avance un à compte de 500 florins, qui peut vous être utile. Au reste vous le savez, ma bourse vous est ouverte.

— Mais est-ce que nous avons besoin d'argent, ma sœur, dit Jean van Eyck, en se tournant avec un peu de rougeur du côté de Marguerite?

La jeune fille avait rougi aussi; car les cœurs d'artistes ressentent toujours un peu de honte à recevoir, même ce qui leur et dû. Elle se remit pourtant: — Nous allions en manquer, dit-elle; et puis, ces panneaux ne sont pas encore payés.

— Oh! reprit Josse de Wyts, tous ces petits frais

sont à ma charge. Je les acquitterai de ma bourse. Je vous le répète, mes maîtres, considérez ce que je vous offre comme un partage de frère que je fais avec vous. C'est moi qui vous suis redevable.

— Savez-vous, reprit-il aussitôt, que votre découverte fait du bruit? que tous les artistes veulent employer votre procédé, que tous les grands sujets ne se font plus qu'à l'huile?

— Ils en dureront plus long-temps, dit Hubert.

— Cela vous fait honneur. Mon beau-père, Jérôme Borluut, comme premier échevin de Gand, vient de faire restaurer diverses vieilles peintures de la grande salle de l'hôtel-de-ville. Il a traité avec Guillaume van Axpoele et Jean Martens; mais il les a obligés par un acte en bonne forme de n'employer que des couleurs à l'huile.

— Mais ils le feront, dit Hubert en se redressant, selon la méthode de Théophile; car nous n'avons communiqué que cela à la corporation des peintres. Chaque fois qu'ils auront placé une couleur, ils n'en pourront poser une autre avant que la première n'ait bien séché. Ce moyen peut être bon pour des copistes. Pour un peintre, il glace l'imagination; il éteint le génie.

Puis, rompant la conversation, de crainte qu'on ne

pénétrât son secret, qui consistait à ce qu'on croit dans un certain emploi de la cire en fusion mêlée à l'huile, Hubert attira Josse devant son ébauche :

— Voyez, lui dit-il, si vous ne trouvez rien à redire à ce projet?

— Rien que des louanges, répondit le jeune seigneur. Mais quel espace occuperez-vous?

— Vous le voyez, 11 pieds de haut sur 14 de large. Dieu le père occupera le centre de la partie supérieure; assis sur son trône éternel, couronné de rubis et de saphirs, vêtu, entouré de toute la pompe divine; d'une main il bénira le monde, de l'autre, il tiendra le sceptre qui dirige l'univers créé.

— Ce sceptre sera d'or? mon frère, interrompit Marguerite.

— De cristal, répondit Jean.

— De diamant, si nous pouvons, ajouta Hubert. A la droite de Dieu, poursuivit l'artiste en s'échauffant, vous verrez la Vierge sainte, aussi sur un trône, aussi couronnée, aussi radieuse; et ce sera la tête la plus belle, la plus suave, la plus céleste que vos yeux auront vue.

De l'autre côté (ce sera un noble contraste) le saint précurseur de l'homme-Dieu dans toute la sévérité austère de sa mission divine; ce livre sera sur ses genoux, et ce livre vous le toucherez ; car vous voulez de l'illusion et du relief.

Au-dessous de ces trois panneaux sera le plus grand qui contient le sujet de l'ouvrage, l'adoration de l'Agneau décrite dans l'Apocalypse, comme vous l'avez prescrit. Il portera trois cents figures ; nous y placerons en quatre groupes les saints et les anges, autour de l'Agneau céleste éclatant de lumière ; car la lumière et le souffle peuvent aussi se saisir par le pinceau. Les vierges, les patriarches, les prophètes seront à droite. A gauche nous placerons les apôtres, les saints évêques, les martyrs avec leurs branches de palmier, les confesseurs. Parmi les prélats, nous n'oublierons pas St-Liévin, le bon patron de la ville de Gand ; et qu'il soit notre appui !

Au fond, nous laisserons voir les tours lumineuses de la Jérusalem céleste....

— Sans doute, interrompit Jean van Eyck, en s'adressant à son tour au seigneur de Pamele, vous cherchez à vous rappeler cette architecture, vous qui avez voyagé. Nous avons imité en effet les tours élégantes de Maestricht....

— Mais plus aériennes, plus légères, plus parfaites, dit Marguerite....

C'est que nous sommes nés à Maeseyck, messire,

reprit Hubert; et du lieu où se sont passées nos premières années, nous apercevions ces tours, qui nous ont laissé une impression profonde.

— Admirable! s'écria Josse. D'ailleurs, on ne peint bien que ce qu'on sent. Et l'architecte de Maestricht sera fier dans sa tombe de l'honneur que vous lui rendez.

— Et puis, ajouta encore Marguerite, on dit que St-Lambert lui-même traça le plan de ces belles tours.

Il y aura ensuite, reprit Hubert, de chaque côté quatre volets qui recouvriront ce que vous venez de voir. Développés, ces volets présenteront, le premier, un groupe d'anges avec des instrumens de musique. Ste-Cécile y sera, sous les traits de notre bonne sœur Marguerite.

— Vous ne pouvez choisir mieux, dit le sire de Pamele, en cherchant un compliment.

— Au-dessous, un autre groupe d'anges chantant devant un riche pupitre. Nous ne leur donnerons pas d'ailes, parce que des créatures suprêmes, qui sont tout esprit, n'out pas besoin de moyens matériels pour se soutenir dans l'élément où Dieu les a lancées.

Ici nous devons poser Adam, notre premier père; Eve, dont le péché nous a perdus.

Sur le panneau consacré aux guerriers, pour qui

les portes des cieux se sont ouvertes, on verra le roi St-Louis, le vaillant Godefroi de Bouillon notre compatriote, et les princes croisés de la Flandre. Dans un autre volet où vous comptez dix cavaliers, vous reconnaîtrez, poursuivit l'artiste en souriant, le portrait de mon frère et le mien. Des ermites et des pélerins rempliront le reste.

— Oublierez-vous Marie-Madeleine, demanda Josse?

— Nous la rangeons parmi les saints ermites; elle aura son vase de parfums. Les pélerins seront conduits par St-Christophe, avec sa taille de géant.

— Sur les volets fermés, reprit Jean, nous peindrons l'annonciation. En perspective, nous projetons une vue de Gand, dans laquelle on distinguera notre maison. Le dessous sera consacré à votre portrait, messire, et à celui de dame Isabelle Borluut, votre noble épouse.

Josse de Wyts, enchanté, serra les mains des deux artistes et les quitta, ravis aussi de lui-même.

II.

Le lendemain, ils commencèrent le prodigieux travail qu'ils avaient conçu; ils le suivirent avec une persévérance dont les grands artistes sont seuls capables.

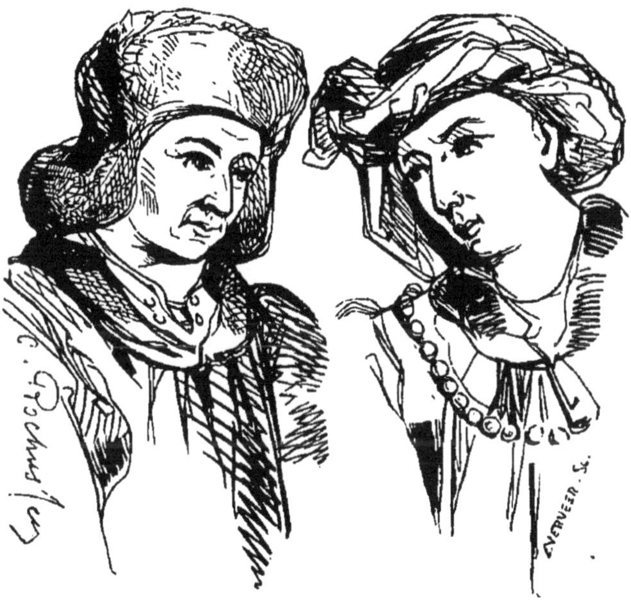

15.

Mais Hubert n'obtint pas les douze années qu'il avait espérées pour ce qu'il appelait son tableau. Les quatre premiers panneaux étaient seuls terminés, lorsque, le 8 septembre 1426, Hubert van Eyck, épuisé, mourut à Gand, laissant à son frère le soin d'achever seul un monument commencé en commun.

Les Gantois prouvèrent pourtant alors qu'ils sentaient les arts, aussi vivement que les Italiens; car ils firent à l'artiste de pompeuses funérailles; et ils exposèrent, pendant plus de deux siècles, le bras et la main qui avaient tenu le pinceau d'Hubert van Eyck.

Jean, découragé par la mort de son frère, sentit tomber ses pinceaux, et peut-être, sans les vives instances de Josse et sans les tendres soins de Marguerite, ce grand chef-d'œuvre n'eût-il pas été achevé.

Ce ne fut qu'au bout de la douzième année, qu'on put jouir de cette admirable composition. Elle portait cette inscription écrite en latin:

«Le peintre Hubert, le plus grand qui ait jamais » existé, a commencé cet ouvrage, que son frère, le » second dans son art, s'est chargé d'achever, engagé » par les prières de Josse de Wyts.

» Ces vers vous indiquent que ce fut le 6 Mai 1432, » que les tableaux terminés furent exposés à la vue du » public.»

Dès que le poëme immense commandé par messire Josse de Wyts fut exposé aux regards des curieux, il devint l'orgueil des Gantois et l'une des merveilles de leur ville. Ils entourèrent de vénération la mémoire d'Hubert van Eyck; ils comblèrent d'honneur son frère Jean; Philippe-le-Bon se l'attacha; il obtint de Josse de Wyts le tableau, pour le donner au pays. Et quand Charles-Quint fit reconstruire la belle église de St-Bavon au centre de la cité, il destina une chapelle spéciale, qui s'appelle encore la chapelle de l'Agneau, au tableau des frères van Eyck. Les Gantois donnèrent à Hubert une tombe dans cette même chapelle.

III.

Mais ce tableau célèbre eut aussi ses peines et ses vicissitudes. M. L. de Bast a même écrit son intéressante histoire. Le fils de Charles-Quint, Philippe II, le vit comme tout le monde, avec un sentiment de profonde admiration. Décidé à résider en Espagne, mais attaché à ce tableau parce qu'il l'avait vu, et désireux de le revoir toujours, le roi Philippe II voulut l'avoir; un instant, la ville de Gand put croire qu'elle allait en être dépouillée.

Le clergé de St-Bavon se mit alors sur la brèche;

résolus à défendre leur plus cher ornement, les hommes du temple s'opposèrent avec fermeté aux prières du monarque; et une lutte obstinée entre de faibles prêtres et un roi puissant laissa pourtant la victoire à ceux qui avaient droit.

Philippe II, obligé de céder, ne le fit toutefois qu'après que la ville de Gand se fût engagée à lui donner une copie complète du chef-d'œuvre, pour la chapelle de son vieux palais de Madrid. Ce fut Michel Coxcie, élève de Van Orley et de Raphaël, qui fut chargé de ce travail important. Il y consacra deux années qui lui furent payées 4000 florins.

Mais il eut assez de patriotisme, tout en s'efforçant d'atteindre quelquefois son merveilleux original (et quelquefois il y parvint), pour ne pas faire une copie complètement fidèle. Il voulait que l'amateur, curieux de connaître l'œuvre des frères Van Eyck, fût obligé de faire pour cela, même du fond de l'Espagne, le voyage de la Flandre.

Cette copie fut envoyée à Madrid où elle excita l'enthousiasme.

Peu après, le tableau de l'Adoration de l'Agneau, qui venait d'échapper au péril d'être perdu pour les Gantois, courut le danger, malgré l'auréole de gloire qui l'entourait, d'être perdu pour toutes les nations.

En 1566, on le sait, des gueux se mirent à piller les églises, brisant les statues des saints, détruisant les tableaux précieux, plus funestes aux beaux-arts qu'à la religion; car ils périssent et l'église ne succombe point.

Des monuments admirables, des tableaux, des sculptures, des vitraux, des autels sans prix furent lacérés, brûlés, anéantis, dispersés en lambeaux dans ces jours de scandale et de trouble.

Bruxelles, Anvers, toutes les villes des Pays-Bas, virent périr ainsi des chefs-d'œuvre sans nombre. Les pillages commençaient à Gand, lorsqu'un peintre gantois, Luc de Heere, protégea à son tour le tableau des frères Van Eyck. Il lui donna asyle dans sa maison, que les factieux, respectant encore en lui un talent cher au pays, n'osèrent pas saccager. D'autres ouvrages profitèrent du même refuge. Mais que le nom de Luc de Heere reste en honneur, puisqu'il a conservé le premier chef-d'œuvre de la peinture moderne!

Après le rétablissement du culte catholique en 1585, la composition des frères Van Eyck reparut, plus belle de son long exil. Ce fut toute une fête : il sembla que la bonne fortune dn pays veillait à la garde du monument.

La ville de Gand en jouissait avec calme depuis plus

de deux siècles, quand la république française envahit la Belgique. En 1794 : les quatre panneaux principaux, sur lesquels Hubert van Eyck avait épuisé son génie, furent transportés au musée de Paris. Les volets avaient été cachés.

Un Français comprit les douleurs des Gantois, à l'enlèvement de leur plus cher trésor. C'était un officier de Dumouriez, qui se nommait Béliard. Il revint à Gand en 1803 ; il vit que la place du chef-d'œuvre des frères Van Eyck était maintenue vide ; l'empire ne restituait pas. En 1808, les Français ayant pris Madrid, Béliard, devenu général, s'arrêta dans la chapelle du vieux palais, devant la copie célèbre de Michel Coxcie. Il se souvint des Gantois ; et comme on enlevait les douze panneaux donnés à Philippe II, il les envoya à Gand, où ils furent reçus comme une ombre chérie qui console à demi.

Mais en 1815 l'empire français croula ; et de ses ruines le tableau des frères Van Eyck revint à l'église de Saint-Bavon. Les quatre grands panneaux que Paris avait vus furent remis à leur place avec pompe, l'année suivante. Un concours immense vint les saluer ; et Gand tout entier se réjouit longtemps.

Cependant les huit volets soustraits aux commissaires français n'avaient pas reparu. Chose incroyable !

« En 1816, dit M. Aug. Voisin dans son *Guide du Voyageur à Gand*, ces volets si précieux furent vendus, par des personnes qui n'en savaient pas la valeur, à M. van Nieuwenhuisen, de Bruxelles, — moyennant 6000 fr. — Celui-ci les revendit 100,000 fr. à M. Solly, anglais, qui les emporta en Prusse. Frédéric-Guillaume III les paya 410,000 fr. »

En vertu de la loi qui rompt une vente où la lésion passe les sept douzièmes, la ville voulut faire casser ce marché; elle n'y parvint pas; et Gand ne rentrera pas dans la possession de ces chefs-d'œuvre dont elle déplore la perte, — à moins de conquérir la Prusse.

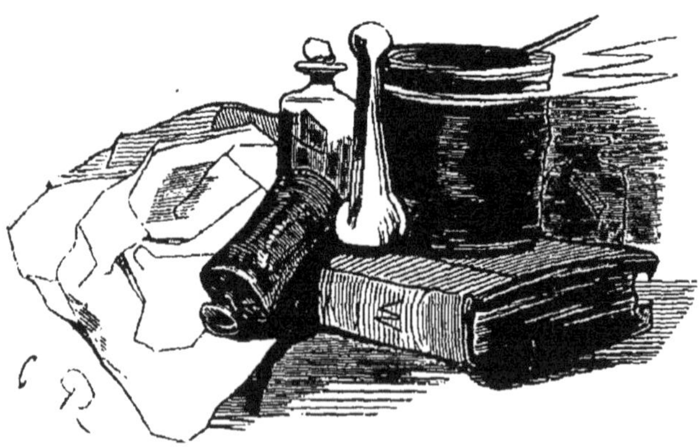

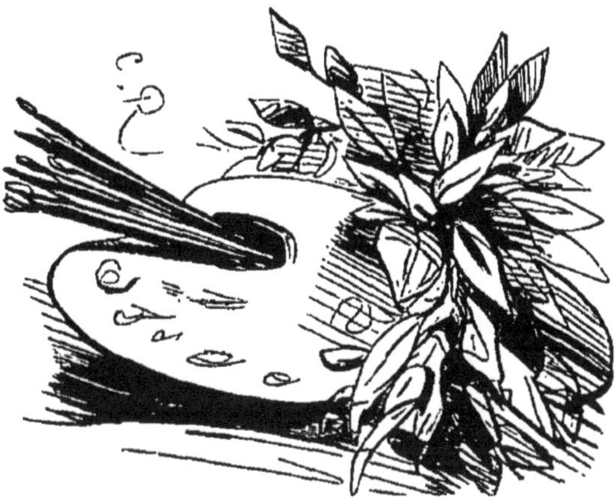

L'ÉCOLE DES ARTISTES.

> C'est un bel exemple et clair miroir qui fait voir où tombent ceux qui de débauche sont coutumiers.
>
> JEAN D'AUTON.

Pourquoi faut-il, comme disait le bon Charron, que ceux qui se montrent éminents dans les beaux-arts soient quelquefois si défectueux dans leur manière de se comporter? — Car hélas! tout n'est pas louange et lauriers seulement dans les fastes des artistes. — C'est que le génie donne trop souvent la vanité et l'orgueil. Un homme qui se croit supérieur se dit que, puisqu'il a tel talent, on peut bien lui passer tel défaut. Il a ouï dire qu'un grand artiste est d'ordinaire bizarre, indépendant, original, que tout en lui doit s'excuser; il est donc faible et va son chemin dans les mauvaises routes. Il aime le cabaret; il s'y enivre, parce qu'il sait que Brouwer et Lantara s'enivraient, puis il se compare à Lantara et à Brouwer. Il se livre à des excès, dont Raphaël est mort; et il s'estime un Raphaël. Remarquez pourtant qu'en général les désordres ont toujours été le tombeau du mérite.

Ces réflexions nous amènent à vous conter la vie d'un peintre, mort en 1740, artiste qui eût pu laisser un nom retentissant, mais qui est plus connu aujourd'hui par sa conduite extravagante que par ses chefs-d'œuvre. Il se nommait Alexis Grimou; il excellait principalement à peindre le portrait. On reconnaît ses ouvrages estimés à leurs coiffures singulières, à leurs costumes capricieux, au soin qu'il avait de mettre des couleurs si épaisses qu'il semble avoir voulu faire des reliefs; dans l'obscurité on peut, en touchant ses portraits, distinguer le nez, la bouche, les joues et les yeux.

La passion dominante du caractère de Grimou était l'amour du vin; il ne prenait plaisir que dans la compagnie des personnes qui s'enivraient avec lui; et ce n'était presque jamais dans sa maison qu'on pouvait le décider à toucher un pinceau. Il se rendait chez ceux dont il voulait bien faire le portrait. Mais si l'on manquait, aussitôt qu'il était arrivé, à le faire déjeûner amplement, et surtout à le faire boire, il abandonnait l'ouvrage commencé, et il ne revenait plus.

Comme il avait un beau talent et que sa réputation était grande, tout le monde voulait être peint par lui. Il fallait pour cela avoir l'attention de lui écrire et attendre patiemment sa réponse.

Il avait pour tout domestique une vieille gouvernante, qui lui servait de cuisinière, de laquais, de portier, qui broyait ses couleurs et qui écrivait ses lettres. Cette femme n'admettait auprès de lui que les personnes qu'elle connaissait bien; car elle avait des ordres formels. Grimou habitait Paris. Un bourgeois de cette grande ville, désirant depuis long-temps avoir son portrait par Grimou, se présenta à sa porte vingt jours de suite en vain. Las de se voir toujours rebuté, il s'avisa enfin d'une ruse qui lui réussit.

— M. Grimou n'y est pas encore? dit-il à la gouvernante; j'en suis fort désolé, car aujourd'hui je venais le prendre pour un grand déjeûner.

En achevant ces mots il s'éloigne d'un air préoccupé. La servante, ne sachant que penser de l'incident, court en informer son maître, qui se met aussitôt dans une colère épouvantable.

— Sotte que vous êtes! dit-il, cet homme est peut-être un de mes amis. Je suis sûr que le bon vin n'eût pas manqué; et justement aujourd'hui je ne suis pas en train. Mais courez donc après cet homme, reprit-il en criant plus fort; et souvenez-vous de ne jamais renvoyer un ami qui vient me chercher pour déjeûner.

La gouvernante n'eut pas de peine à rattraper le rusé bourgeois. Se doutant de ce qui devait arriver, il ne s'en allait qu'avec lenteur. Introduit dans l'atelier du peintre, il se jette à son cou, en s'écriant:

— Ah! mon cher ami, qu'il me tardait de te revoir!

Grimou, à l'aspect de cet homme qu'il n'a jamais vu, se recule, le considère en silence des pieds à la tête et dit enfin: — Mais, mon ami, je ne te connais pas!

— Tu as donc oublié, réplique effrontément le parisien, les bonnes bouteilles que nous avons bues ensemble au cabaret de la rue Tire-chape?

— C'est possible, répond Grimou. En ce cas-là, tu es bien changé.

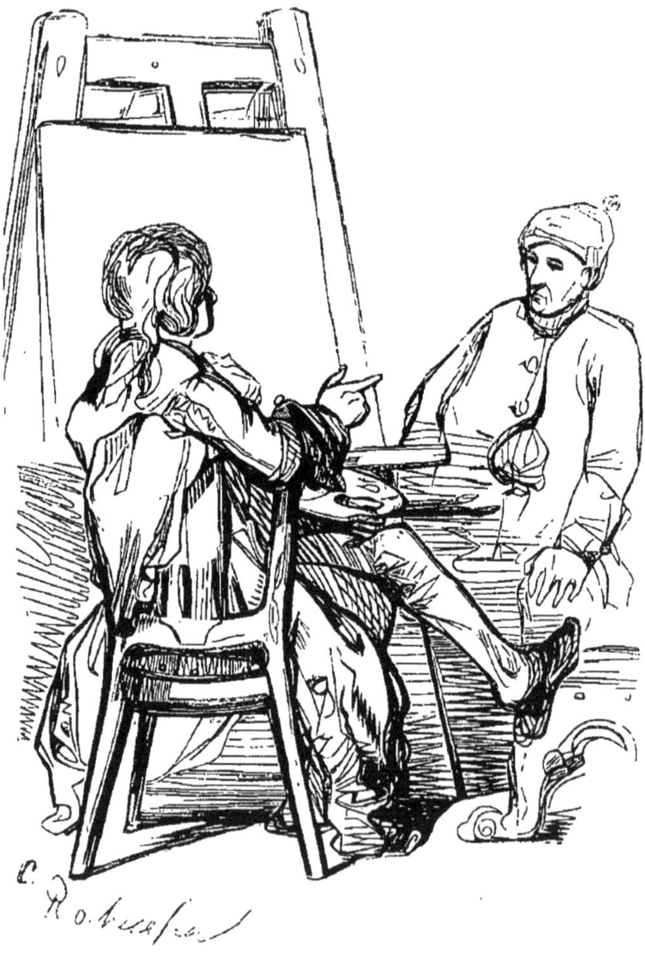

— Allons déjeûner, mon bon Grimou, répond l'autre; et le verre à la main, nous renouvellerons connaissance.

A la fin de la journée, l'intimité était devenue si parfaite, que le peintre ne voulait plus quitter son vieil ami. Au bout de quelques jours, il lui fit son portrait; mais malgré toutes les objections que put faire le bourgeois, il s'obstina à le peindre en David tenant à la main la tête de Goliath.

Avec sa manière de vivre, Grimou devait à tout le monde. Son boulanger, ne pouvant pas en être payé, voulut au moins en tirer quelque chose; il le pria donc de s'acquitter en lui faisant son portrait. L'artiste y consentit et prit jour. Le boulanger s'était fait faire une perruque neuve, un bel habit à basques; il arrivait en manchettes. Le peintre ne l'aperçoit pas plus tôt qu'il se met dans une furieuse colère:

— Que signifie cette mascarade? s'écrie-t-il. Je ne vous reconnais plus. Où est votre veste? Où est votre bonnet de coton!

— Mais, monsieur Grimou, dit le boulanger, ne faut-il pas mettre son habit des dimanches pour se faire peindre? Que dirait-on d'un portrait de famille qui ne serait pas décemment vêtu?

Le pauvre homme eut beau insister, il ne put calmer Grimou. Il lui fallut reprendre le bonnet de coton et la veste de boulanger. Mais son portrait fut un des chefs-d'œuvre de l'artiste.

Comme ce peintre ne travaillait qu'à son gré, le duc d'Orléans, régent de France, ayant fait inutilement de longs efforts pour avoir de ses ouvrages, s'avisa à son tour d'un moyen, qui lui réussit moins heureusement que le stratagème du bourgeois de Paris. Il manda Grimou au Palais-Royal, le fit enfermer dans un appartement, et ordonna qu'on lui donnât tout ce qu'il demanderait pour son travail ou pour son dîner. L'artiste, qui n'aimait pas les grands seigneurs, parce que, disait-il, on ne pouvait pas boire bouteille avec eux, piqué de se voir pris comme au trébuchet, dit qu'il ne savait rien faire en prison, et jura très-énergiquement que le premier qui lui présenterait une palette, il la lui briserait sur la tête.

L'appartement où on le tenait sous clef était au premier étage. Il se met à la fenêtre et voit passer un de ses amis, qui traversait la cour du Palais-Royal, et qui lui demande à quoi il s'occupe là?

— Je n'y fais rien, répond Grimou, et je n'y veux rien faire. Ils m'ont enfermé.

— Enfermé! réplique l'autre; j'en suis fâché; je t'aurais emmené au cabaret.

— Attends-moi, s'écrie Grimou, qui n'y tient plus. Je vais bien les attraper.

Aussitôt, il saute par la fenêtre, se casse une cuisse... Et le duc d'Orléans n'eut rien de lui.

On conte de ce peintre un petit fait singulier. Il avait une frayeur extrême du tonnerre. Pour se dérober la vue des éclairs, qu'il craignait peut-être encore davantage, il avait imaginé un moyen extraordinaire. Sitôt qu'il voyait quelques indices d'orage, il faisait vider à la hâte une grande fontaine de cuivre, l'un des principaux meubles de son ménage, se fourrait dedans au premier coup de tonnerre, faisait remettre le couvercle par dessus et fermait les yeux. De temps en temps, il soulevait ce couvercle avec sa tête, montrait le haut de sa figure, et demandait d'un air effaré s'il faisait encore des éclairs? S'il en était frappé pendant sa question, il disparaissait aussitôt, ne soufflait plus, et ne se remontrait que lorsqu'on avait assuré avec serment que le temps était parfaitement remis.

Malgré ses vices et ses défauts, Grimou avait une si haute idée de sa supériorité comme artiste, qu'il croyait de bonne foi que son nom devait être connu de tout le monde. Il ne se retirait jamais, à des heures indues de la nuit, sans se rappeler l'aventure de l'Arioste qui, arrêté par des brigands, s'en vit respecté dès qu'ils surent son nom. Aussi, au moindre bruit qu'il entendait, il se mettait à crier : — Je suis Grimou ; et comme généralement on ne lui disait rien, il se figurait que l'effet de son nom en était la cause.

Cet homme, qui couvrait ses basses inclinations du manteau de l'orgueil, détestait donc la bonne compagnie. Un marchand de vin avait fixé ses affections et régnait despotiquement sur lui, sans autre sceptre que la clef de sa cave. Si Grimou avait achevé quelque portrait, dont son ami le cabaretier parût content, il s'empressait de lui dire : — Te fait-il plaisir? Emporte-le. — Mais que diront les personnes qui l'attendent? — Je m'en moque ; je dirai qu'il est égaré. Emporte toujours.

Et le marchand de vin se faisait un cabinet des ouvrages choisis de Grimou, tandis qu'un prince avait bien de la peine à en obtenir un seul tableau.

Un des ministres de Louis XV, voulant faire peindre sa fille, avait donné d'avance à Grimou six cents livres, et lui avait promis le double après que le portrait serait fini. Le peintre commença par manger en fêtes les six cents livres ; — après quoi, il se mit à l'ouvrage.

Quand la tête fut faite, se trouvant sans un sou, Grimou eut recours, pour avoir de l'argent, aux conseils de son ami le cabaretier, qui le pressa d'achever le portrait.

— Non, dit l'artiste; je ne finirai jamais ce portrait-là; il m'ennuie et je vais l'effacer.

— Pourquoi donc? reprend son ami; c'est une de tes plus belles têtes.

— Je te dis qu'il m'ennuie.

— Mais tu as reçu de l'argent d'avance; il va te produire encore une bonne somme. Il est aussi de ton intérêt de ménager une protection qui peut être utile un jour.

— Je me soucie bien de ces protecteurs avec qui on ne boit pas! Non, je ne finirai point le tableau, il n'y a qu'à rendre les six cents livres.

— Et où les prendras-tu?

— Oh! tu vas voir, s'écrie Grimou. Crois-tu que je ne sache pas trouver des expédients?...

Il efface le portrait, court chez lui, vend ses meubles, à l'exception de son lit et de sa fontaine, se procure mille livres, en renvoie six cents au ministre; et tout en buvant le reste, jure qu'il n'a jamais été si content que depuis la belle action qu'il vient de faire.

Toute la vie d'Alexis Grimou n'est qu'une déplorable mosaïque composée d'anecdotes comme celles qu'on vient de lire. Quelle en fut la fin? Vous l'avez prévue sans doute. Il mourut comme il avait vécu; il s'éteignit dans un excès de table. Son nom, qu'il avait cru léguer à la postérité, s'éteignit presque malgré son talent. C'est que ce talent était matériel, et qu'il n'y a d'immortel que ce qui vient de l'âme. Chaque chose tient de son origine. C'est que Buffon a dit: Le génie, c'est la patience. Ce n'est pas la fougue. La gloire, c'est le travail. Ce n'est pas le vain bruit. — Avec des mœurs, on peut vivre. Ce qui est impur se dissipe.

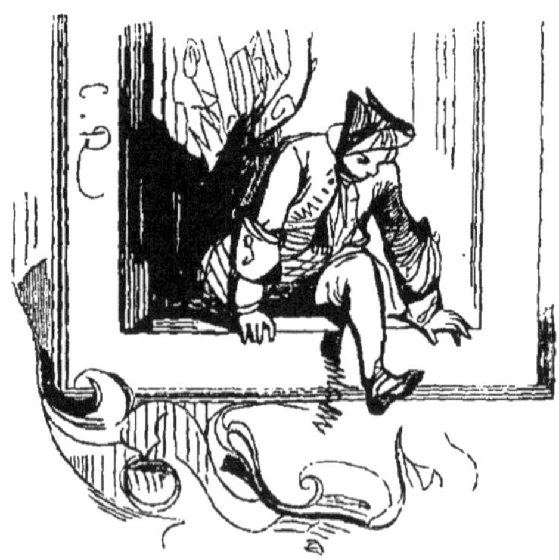

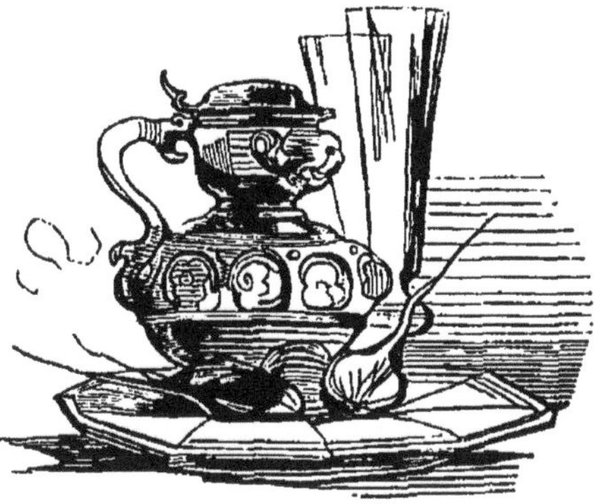

UNE NOCE DANS UNE VILLE AFFAMÉE.

> C'est qu'un bon appétit est le meilleur des cuisiniers.
>
> XÉNOPHON, *Cyropédie*.

— Prodigieux! disait un cabaretier de la grande place à Cambray, en s'extasiant devant un plat de fayence où s'étalaient douze cotelettes de cheval.

— Et nous avons autre chose, répondit Charles Haranger, mais je vous ménage la surprise. Voyez pourtant le dessert.

Il découvrit quatre assiettes, lesquelles contenaient des oignons, des raiforts, un vieux fromage et trois pommes.

— Ce dernier plat, dit-il, m'a nécessité beaucoup de démarches.

La scène se passait à Cambray, le 17 Août 1581. Charles Haranger, enfant de Cambray, était un jeune et vaillant capitaine, le même qui plus tard enleva si hardiment Bréda aux Espagnols. Ce jour-là, il devait se marier; et il s'occupait de son repas de noces.

Or la ville de Cambray, qu'il défendait alors, était depuis long-temps assiégée par le prince de Parme. Le prince comptait la prendre par famine; elle était réduite à la dernière extrémité et tout le monde y mourait de faim. On avait vendu un œuf deux sous du pays; ce qui représentait plus d'un franc de valeur actuelle. Une petite génisse maigre avait été payée six cents livres; c'était plus qu'aujourd'hui trois mille francs. Mais on ne trouvait plus ni œufs, ni beurre, ni petites génisses maigres. On mangeait du chien et du cheval; et bientôt on n'allait plus rien avoir à manger.

Dans de telles circonstances néanmoins, Charles Haranger se mariait. Mais il avait ses raisons. Les confédérés qui tenaient Cambray, voyant qu'ils ne pouvaient résister long-temps encore aux Espagnols et à la faim, avaient trouvé moyen d'envoyer des mes-

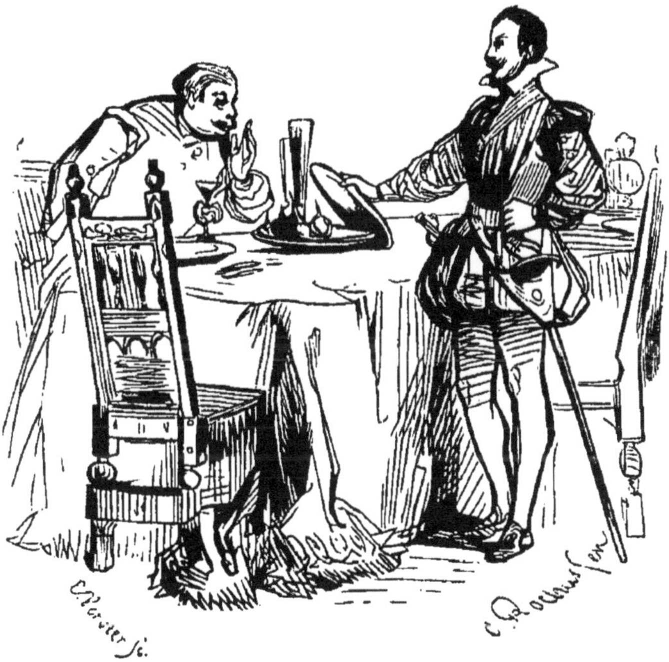
C. Rochussen

sagers au duc d'Alençon pour presser son arrivée. Depuis peu, les habitants des Pays-Bas avaient prononcé la déchéance du roi d'Espagne, brisé ses statues et ôté son nom de leurs actes publics. A sa place, ils avaient adopté pour souverain et appelé à leur aide François de France, (frère du roi Henri III) duc d'Alençon et d'Anjou. Ce Prince avait vingt-trois ans et des écrouelles, quoique son frère le roi de France se crût encore en possession du privilège de les guérir. Il se flattait d'épouser la reine Elisabeth, vieille coquette de cinquante ans, rousse, laide et méchante. D'Alençon approchait; mais son avant-garde, conduite par les sire de Turenne et de Ventadour, venait d'être battue par les troupes espagnoles. Turenne et Ventadour avaient même été faits prisonniers.

On avait tenu conseil dans Cambray sur ces tristes nouvelles. On avait résolu de faire une sortie en bataillon carré, de traverser violemment l'armée du prince de Parme et d'opérer une jonction avec les Français, qui n'étaient qu'à une lieue. C'était le seul moyen d'avoir des vivres, d'amener des secours dans la ville assiégée, et peut-être de la délivrer. Charles Haranger devait commander cette expédition périlleuse, que l'on fixait au lendemain soir, dans la nuit du 18 au 19 Août. En acceptant cette mission importante, Haranger y avait mis une condition. Il aimait depuis long-temps Julie Berthout, fille d'un échevin de Cambray. Il avait demandé qu'on fît immédiatement sa noce.

— Si je suis tué demain soir, avait-il dit à son ami le cabaretier, du moins j'aurai été marié vingt-quatre heures. C'est assez pour ne pas mourir garçon.

C'était une joyeuse tête que Charles Haranger, artiste et poëte, aussi bien que guerrier intrépide, un de ces hommes qui osent, qui vont droit devant eux, qui saisissent en passant ce qu'il y a de bon dans les choses de la vie et qui ordinairement réussissent aux plus chanceuses entreprises, parce qu'ils y vont tête baissée. Il avait arrangé son affaire aussi froidement que s'il se fût agi de circonstances indifférentes. A deux heures le 17 Août, il se mariait; à quatre le festin. après quoi le bal jusqu'à onze heures du soir; et le lendemain, à pareille heure, il devait faire sa sortie, à la tête des hommes de bonne volonté, qui ne manquaient pas dans Cambray.

De plus, entre le festin et le bal, le jeune homme avait décidé qu'il y aurait, — ce qui complétait alors toute bonne fête, — une représentation dramatique, car en ce temps-là, que nous connaissons si peu, —

quoique le théâtre ne fût pas né, comme on nous dit, on ne laissait passer aucune occasion de jouer une moralité ou une farce. A la vérité on respectait ces grandes bases fondamentales que de nos jours les écrivains dramatiques ébranlent à l'envi, dans leur licence scandaleuse. Mais on ne s'en amusait pas moins, si pourtant on s'amuse aujourd'hui.

On ne recevait pas un prince, un gouverneur, un comte, sans lui donner quelque spectacle; et s'il y avait sur son chemin, de la porte de la ville au palais, dix places ou carrefours, on y voyait autant de théâtres qui s'animaient au son de joyeuses musiques. Nous avons remplacé ces entremets naïfs par les harangues officielles. Nos fêtes son bien pâles en comparaison de celles de nos pères. Ils aimaient les allégories, qui ne sont pas mortes encore, mais qui dans nos parades sont bien moins alertes et moins vives, parce que nous croyons avoir du goût.

Haranger, dit-on, avait fait lui-même la farce qu'il voulait donner à sa noce et qui était une comédie politique dans l'esprit du temps. Déjà depuis deux ans qu'elle avait vu le jour, on l'avait jouée quatre ou cinq fois. Elle avait même été représentée à Paris, qui alors n'était pas si exclusif dans sa littérature. Strada, dans son histoire de la guerre des Pays-Bas, et d'autres auteurs de mémoires contemporains en donnent des analyses qui présentent cette pièce comme une critique assez piquante.

On lâchait sur la scène une vache grosse et bien nourrie, autour de laquelle plusieurs personnages se montraient diversement occupés. Le roi d'Espagne la menait avec un vieux filet usé. Comme les mailles se rompaient souvent, le prince de Parme était occupé sans relâche à les renouer. Cette vache figurait la Belgique. Les seigneurs des Etats lui montaient sur le dos ou la retenaient par les cornes, demandant du secours de tous côtés, pour l'empêcher d'aller trop vite. Le duc d'Alençon survenait, courait sur la vache; après quelques efforts il parvenait à la saisir par la queue et à faire lâcher prise au roi d'Espagne. L'archiduc Mathias, qui eût bien voulu avoir les Pays-Bas, mais ne faisait rien pour les conquérir, se tenait-là, regardant sans autrement se mouvoir. Le comte Palatin Jean Casimir et le prince d'Orange, ses rivaux plus actifs, s'approchaient de chaque côté de la vache, se baissaient jusqu'aux pis et tiraient le lait, chacun dans une grande écuelle, à l'envi l'un de l'autre. Des Flamands, des Français, des Allemands, des Anglais étaient-là qui laissaient faire. La reine d'Angleterre favorisait tantôt les uns, tantôt les autres, selon son caprice. A la fin, la vache, irritée par un petit frein que lui présentait le prince de Parme, faisait un bond, arrachait sa queue des mains du duc d'Alençon, jetait par terre ceux qui étaient sur son dos, abattait d'un coup de pied Jean Casimir, faisait fuir Mathias en le regardant, repoussait le prince d'Orange lui-même et renversait son écuelle pleine de lait, poursuivait à coups de cornes le roi d'Espagne et le prince de Parme, et se trouvait en liberté, dégagée de tous liens.

On pouvait reconnaître dans cette parade les sentiments de Charles Haranger. A la représentation, il se réservait pour lui-même le principal rôle, celui de la vache, que l'on simulait par une machine de toile peinte. Le cabaretier devait faire l'archiduc Mathias; les autres personnages furent distribués à divers invités; et l'on alla à l'église.

Après la bénédiction, on se mit à table pour le festin. Tous les convives, que la disette générale obligeait à vivre de régime, avaient des dents longues et un appétit de fer. Il ne restait plus de bière dans la ville; mais Haranger avait retrouvé dans sa cave et dans celles de ses amis cent vieilles bouteilles de vin, qui se pavanaient sur une longue table. Tout le monde leur sourit. On ne servit pas de potage, parce qu'on manquait de beurre et de viande grasse. On remplaça la soupe par une salade au vinaigre, sans huile parce qu'on n'en avait point, et sans sel parce qu'il était très-rare. Mais la salade, seule et sans assaisonnement était déjà un début de luxe.

Au premier service, on apporta les douze cotelettes de cheval, un hachis de jument, et un jambon d'âne cuit à la broche. Les convives se récrièrent sur un si grand festin; ils trouvèrent la cuisine excellente et la profusion magnifique. Le cabaretier s'en frottait les mains; car il avait présidé au dîner. On vit bien au second service, disent les récits du temps, que la famille où le marié entrait était riche; car on mit sur la table deux chats rôtis et un pâté de chien, qui furent dévorés, et que toute l'assemblée trouva succulents. Le beau dessert, que le jeune homme avait étalé avec complaisance, termina la fête. Chaque convive n'avait eu que deux onces de pain; mais le vin avait coulé à grands flots; et la joie brillait dans tous les yeux.

Il y avait une heure qu'on avait quitté la table, en félicitant l'amphytrion. Pendant que les dames jetaient un coup-d'œil sur leur toilette, et que pour commencer la comédie le nouveau marié se mettait à quatre pattes dans sa peau de vache, à huit heures du soir, la nuit à peine commencée, on entendit crier alerte! Un grand mouvement se fit dans la rue; on disait que les Espagnols entraient dans Cambray; que l'on se battait aux remparts; le canon et la fusillade lointaine confirmaient ces rumeurs. Les cloches de toutes les églises se mêlèrent bientôt à ce fracas. Tout le monde sortait pour aller voir ce qui se passait. Haranger lui-même s'élança à la porte; et sans songer à son costume de théâtre, qui était au moins très-singulier, il demandait à grands cris son épée pour aller combattre.

Sa jeune épouse parvint enfin à l'arrêter par les cornes. — Vous ne pouvez pas partir ainsi, mon ami, lui dit-elle; et d'ailleurs me quitterez-vous le jour des noces?

— Mais que faire, si on se bat? répliqua Haranger, en sortant la tête par le cou de sa peau de vache. Je suis déshonoré en restant ici.

— Attendez au moins, dit Julie Berthout, que l'on sache ce qui arrive. Tous vos amis sont allés aux remparts.

Le jeune homme se débattit un instant; puis sans dire un mot, il se tira de son enveloppe, courut prendre ses armes; et malgré toutes les tendres instances de Julie, il s'échappait, lorsqu'elle lui fit remarquer que le tocsin sonnait l'allégresse. Une minute après, il aperçut le cabaretier et ses autres convives qui revenaient joyeusement chargés; ils apportaient du pain frais, des pâtés et des fruits, et criaient à tue-tête: — Les Français! Vive le duc d'Alençon!

C'est qu'en effet les Français, qui escortaient en assez grand nombre le duc d'Alençon venant aux Pays-Bas, avaient vengé l'échec de leur avant-garde; ils avaient forcé le prince de Parme à faire sa retraite; le siège était levé; les vivres entraient dans Cambray par toutes les portes.

Toute la ville en un instant fut dans la joie. Partout on fit des festins. Les convives de Charles Haranger et de Julie Berthout se remirent à table, jusqu'à onze heures du soir, que les jeunes mariés se retirèrent. Il n'y eut ni comédie, ni bal; on était trop content pour se plier à l'attention que demande un spectacle, trop joyeux pour danser en mesure.

Le lendemain 18 Août 1581, le duc d'Anjou fit son entrée triomphale dans Cambray, commençant avec éclat dans les Pays-Bas une carrière qui devait mal finir, et dont cette journée fut peut-être le seul beau jour. Quant à Charles Haranger, ce fut, comme on sait, un des héros de la guerre des troubles.

Nous aurions pu faire sur sa comédie allégorique de la vache une longue étude littéraire. Mais les études sur l'art ne sont jamais que des monceaux de glaces. L'art veut seulement être senti.

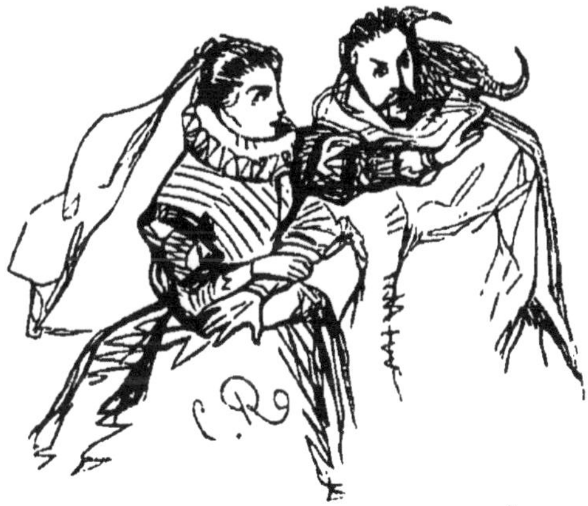

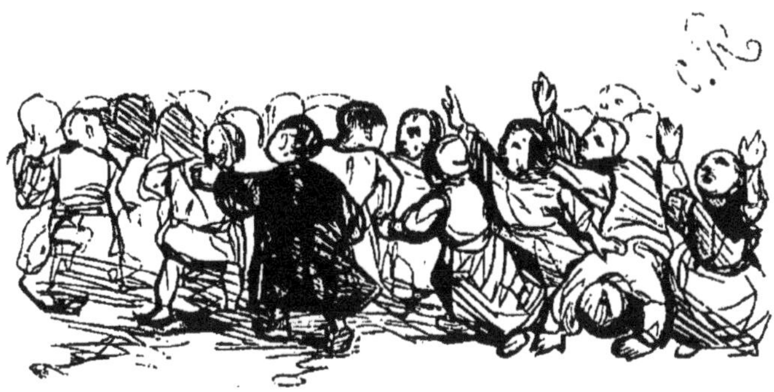

LE JOUEUR DE FLUTE.

C'était une puissante musique !
HOFFMAN.

On vous a mis du fantastique dans les contes ; l'histoire aussi peut en offrir. Elle présente, en petit nombre, il est vrai, quelques aventures prodigieuses que rien n'a pu suffisamment expliquer, et devant lesquelles le scepticisme des critiques et les efforts des savants se sont brisés, comme le cristal se briserait sur le granit.

Si un jour vous parcourez la Basse-Saxe, et que vous visitiez la ville d'Hamel sur le Weser, vous y rencontrerez une de ces chroniques surprenantes. Nous allons l'exposer ici avec simplicité.

En l'année 1284, les habitants d'Hamel étaient tourmentés d'une immense quantité de rats et de souris, jusques-là qu'il ne leur restait pas un grain qui ne fût endommagé. C'était un désastre inoui, une désolation générale. Pendant que les magistrats et les bourgeois cherchaient avec empressement les moyens de se délivrer d'un fléau si cruel, il arriva tout-à-coup dans la ville un homme étranger, de très-haute taille, et dont la mine avait quelque chose de sombre et d'effrayant. On ne put jamais savoir ni son nom, ni de quel pays il venait. Il était vêtu en bohémien, c'est à dire de noir et de rouge, et portait à son côté une grande trousse, dans laquelle étaient deux longues flûtes.

Il se présenta devant les magistrats d'Hamel et leur dit que, sachant leur peine, il était venu les secourir; que moyennant trois cents écus d'or, il se chargeait de chasser sur l'heure tous les rats et toutes les souris hors de la ville.

On accueillit son offre avec empressement; on lui promit les trois cents écus; et alors il tira de sa trousse une flûte noire dont il se mit à jouer, sur un rhythme insolite et sauvage. Incontinent tous les rats et toutes les souris qui se trouvaient dans les maisons, sous les toits, dans les planchers, dans les étables et les

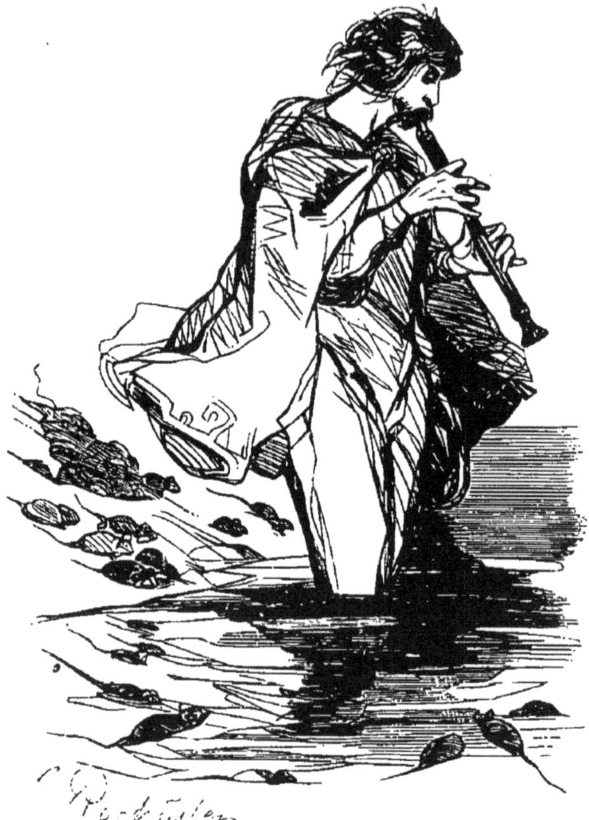

basses-cours, dans les greniers et dans les caves, comme fascinés par la bizarre mélodie du joueur de flûte, sortirent en bandes, à la pleine lumière du jour, se pressèrent en tumulte autour de l'étranger, et le suivirent jusqu'au Weser, où ayant relevé ses habits il entra dans la rivière, suivi de l'innombrable armée qui bondissait autour de lui et qui se noya en peu d'instants; de façon que la ville fut délivrée.

Ayant ainsi exécuté sa promesse, l'étranger se présenta de nouveau, fier et assuré, devant les magistrats d'Hamel. Il demanda le salaire convenu. Mais sans réfléchir au danger qu'il y avait d'irriter un homme qui venait de déployer une telle puissance, les magistrats prétendirent avec mauvaise foi qu'ils n'avaient promis que trois cents écus d'argent. Le joueur de flûte sourit d'un air de dédain et refusa ce paiement, menaçant avec calme de se venger, si on ne le satisfaisait point. Les bourgeois débarrassés rirent de ses menaces et se moquèrent de lui.

Or le lendemain matin, l'étranger reparut, traversant la ville, avec une figure plus sinistre encore que la veille. Il était habillé en chasseur, tout vêtu de rouge, ayant un chapeau de pourpre sur la tête, avec une plume rouge, chaussé de bottines écarlates. Il jouait d'une autre flûte, noire aussi, mais différente de la première, et dont les sons vibraient avec une telle magie, que tous les enfants de la ville, depuis l'âge de quatre ans jusqu'à celui de douze, le suivirent spontanément, sans qu'il fût possible à personne de les arrêter, ni de les suivre. Au milieu des clameurs des mères, il les mena hors de la ville épouvantée; il sortit d'Hamel; il entra avec les enfants dans une caverne percée au pied d'une grande montagne; et depuis, personne dans Hamel ne revit aucun de ces enfants, ni le magicien qui les avait enlevés.

Que direz-vous de cette histoire?

Elle a été peinte par un contemporain sur les vitraux d'une église d'Hamel, avec quelques lignes explicatives, que le temps n'a pas encore effacées.

Un autre vieux monument consacre ce fait; c'est l'inscription latine qui se lisait à l'entrée d'Hamel, sur une porte de cette ville, et qui attestait qu'en 1284 un magicien ravit aux habitants, comme on vient de le voir, quinze cents enfants et les emmena sous le mont appelé Coppenberg.

Ce prodige est encore soutenu par la coutume que l'on prit dans Hamel, et qui s'est toujours conservée, de compter les années *depuis la sortie des enfants*.

Quelques-uns rattachent *la sortie des enfants d'Ha-*

mel à ce phénomène singulier, connu dans l'histoire sous le nom de la croisade des enfants. Mais soixante dix ans séparent les deux faits. Et enfin, dans les annales de Transylvanie vous lirez qu'en 1284, des enfants dont on n'entendait pas la langue, parurent tout-à-coup dans le pays (à deux cents lieues d'Hamel). Ces enfants, qui peut-être avaient traversé une montagne creuse, comme celle de Maestricht, s'établirent dans le canton et y perpétuèrent tellement leur langage, qu'aujourd'hui encore on y parle Bas-Saxon.

Que direz-vous de cette histoire?

Ah! pauvres mères! Dieu garde vos enfants du joueur de flûte!

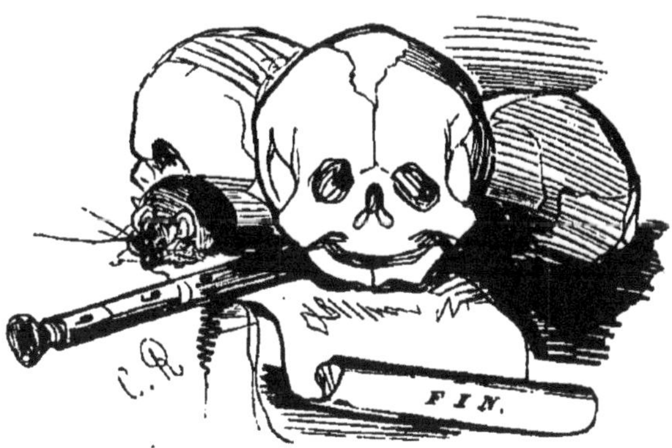

TABLE.

Fin de la Table.

www.ingramcontent.com/pod-product-compliance
Ingram Content Group UK Ltd.
Pitfield, Milton Keynes, MK11 3LW, UK
UKHW031840260826
14628UKWH00001B/491

9 782019 718701